Doris Zehren

MELALEUCA

Das grüne Gold des fünften Kontinents

Das Hausbuch zum Teebaumöl

Blattlaus Verlag

Doris Zehren. Melaleuca, Das grüne Gold des fünften Kontinents
Blattlaus Verlag

Satz & Druck: Blattlaus GmbH, Saarbrücken
Umschlag: Birgit Bysiak
ISBN: 3-930771-06-3

GROSSE WIRKUNG - KLEINER PREIS!

10 GUTE GRÜNDE

das Teebaumöl (*Melaleuca alternifolia*) immer in der Hausapotheke zu haben:

1. Melaleucaöl ist ein natürlicher Inhaltsstoff einer einzelnen Pflanze, dem australischen Teebaum (*Melaleuca alternifolia*).

2. Melaleucaöl wirkt gegen Pilze.

3. Melaleucaöl wirkt gegen Bakterien.

4. Melaleucaöl wirkt gegen Viren.

5. Melaleucaöl ist ungiftig und hautfreundlich.

6. Melaleucaöl zeigt keine Nebenwirkungen.

7. Melaleucaöl ist bei richtiger Lagerung über Jahre haltbar.

8. Melaleucaöl ist vielseitig einsetzbar und daher äußerst platzsparend, z.B. in der Reiseapotheke.

9. Melaleucaöl ist günstig im Preis und sparsam in der Anwendung.

10. Melaleucaöl ist vielerorts erhältlich. Viele Apotheken, Naturkostläden und Reformhäuser haben das Öl bereits in ihrem Sortiment. Es läßt sich auch direkt bestellen.

Inhalt

TEIL III
WO KANN ICH MELALEUCA ALTERNIFOLIA ANWENDEN?
- Das weite Einsatzfeld des Teebaumöls -

Anwendung beim Menschen

Anwendung bei Tieren

Einsatz im Haus

Einleitung

Der Teebaum (*Melaleuca alternifolia*) gehört mit zu den interessantesten Bäumen dieser Erde. Einzig aus seinen Blättern wird jenes medizinisch hochwirksame Teebaumöl gewonnen, das sich in den letzten Jahren weltweit von einem Geheimtip der Alternativmedizin zu einem allgemein hochgeschätzten Antiseptikum gemausert hat.

Die Heimat von *Melaleuca alternifolia* ist Australien. Dort begann man bereits in den zwanziger Jahren mit der wissenschaftlichen Erforschung seines ätherischen Öls. Mittlerweile liegen zahlreiche Studien und klinische Untersuchungen über die Wirksamkeit und das Anwendungsspektrum des Teebaumöls vor, die immer wieder belegen, daß diese Essenz sowohl gegen Pilze und Bakterien, als auch gegen Viren eine hervorragende Wirkung besitzt. Die Zahl der Beschwerden und Krankheiten, bei denen Teebaumöl erfolgreich eingesetzt werden kann, erweitert sich ständig. Immer mehr Ärzte und Heilpraktiker setzen das Teebaumöl in ihrer alltäglichen Praxis ein und empfehlen es als Hausmittel weiter.

Mit ausschlaggebend für den Siegeszug des inzwischen als „grünes Gold des fünften Kontinents" gerühmten Elixiers ist die durchweg ganzheitliche Ausrichtung seiner Heilkraft. Auf der einen Seite zeigt das ätherische Öl von *Melaleuca alternifolia* eine außergewöhnlich starke antiseptische Wirkung mit nahezu universellen Anwendungsmöglichkeiten, auf der anderen Seite aber weiß diese wunderbare Substanz genau zu unterscheiden zwischen dem erwünschten Ort seines Eingreifens und den gesunden Anteilen eines Körpers.

Anders als bei synthetischen Antiseptika, die oft das lebende Gewebe mitangreifen oder bei Antibiotika, die die Abwehrlage des Körpers im Nachhinein negativ beeinflussen können, ist Teebaumöl ausgesprochen gut verträglich für den Leib, speziell für Haut und Schleimhäute. Es unterstützt sogar aktiv die regenerierenden Heilungsprozesse und hat einen stärkenden Einfluß auf den Organismus.

Wichtig für einen erfolgreichen Einsatz des *Teebaum*-Öls sind gewisse Grundkenntnisse über die Art seiner Wirkung und seiner Anwendungsmöglichkeiten, welche dieses Buch vermitteln will.

Ein anderer, immer wichtiger werdender Punkt für die Anwender ist die richtige Qualitätsbeurteilung des im Handel angebotenen Teebaumöls. Denn Teebaumöl ist nicht gleich Teebaumöl, und ein Teebaum ist noch lange kein *Melaleuca alternifolia*, wie Sie beim Lesen gleich merken werden...

TEIL I

Was ist
Melaleuca alternifolia?

RUND UM DEN TEEBAUM

Botanische Einblicke

MYRTACEEN
DIE GROẞE FAMILIE DES TEEBAUMS

■ Myrtengewächse im Allgemeinen

Die Botaniker ordnen den Teebaum *Melaleuca alternifolia* in die Familie der *Myrtaceen* oder Myrtengewächse ein. Mehr als 2700 Pflanzenarten finden hier ihre systematische Heimat. Allen Spezies gemeinsam ist der Besitz von Ölbehältern, die entweder in den Blättern oder in den Blüten der Pflanzen zu finden sind. Diese Gefäße sind angefüllt mit ätherischen Ölen, deshalb haben viele Arten aus dieser Familie Bedeutung als Gewürz- und Heilpflanzen erlangt.

Die meist immergrünen *Myrtaceen* sind in ihrem natürlichen Vorkommen auf subtropische bis tropische Gebiete beschränkt. Die Verbreitungszentren sind Mittel- und Südamerika, Indien bis Malaysia und Australien.

Einzige europäische Vertreterin der Familie ist die Myrte (*Myrtus communis*), die wir im Mittelmeergebiet wild finden. Sie wurde bereits im berühmten ägyptischen Papyrus „Ebers“ als Heilpflanze erwähnt und von Griechen und Römern unter anderem als Badezusatz sehr geschätzt. Vielen von uns ist der 'Myrtenkranz' noch ein Begriff, der in früheren Jahrhunderten als Symbol der Ehe galt und den die Braut vor der Hochzeit als Brautkranz flocht. Inzwischen hat die Myrte in unseren Breiten auch Eingang als Garten- oder Zimmerpflanze gefunden.

NAHRUNGS-, GEWÜRZ- UND TEELIEFERANTEN

Viele Myrtengewächse produzieren eßbare Früchte wie die südamerikanische Gattung *Abbevillea* oder diverse *Psidium*-Arten, die sowohl im Gebiet des Orinoko in Südamerika als auch in Pakistan zu finden sind. *Psidium guayava* wird vornehmlich in Ägypten angebaut und liefert die birnen-apfelartigen Guajave-Früchte.

Die wohl berühmteste Gewürzpflanze der Familie ist der Nelkenbaum (*Syzygium aromaticum*). Die noch ungeöffneten Blütenknospen werden gesammelt und sind aus unserer Küche, besonders um die Weihnachtszeit, nicht mehr wegzudenken. Aber auch der Jamaica- oder Nelkenpfeffer, der vom Pimentbaum (*Pimenta officinalis*) stammt, wird bereits seit Anfang des 17. Jahrhunderts in Europa als Pfefferersatz und Gewürzallerlei verwendet. Eine Art der Gattung *Eugenia*, die südamerikanische *Eugenia tabasco*, stand Pate bei der Namensgebung für die bekannte, sehr scharfe Gewürzsoße.

Einige Myrtengewächse liefern ihre Blätter als anregenden Ersatz für echten Tee. So werden die Blätter von *Pimenta acris* oft dem Mate-Tee beigemischt, ähnlich kommt *Leptospermum flavescens* zum Einsatz. Dem Tee aus der neuseeländischen Art *Leptospermum scoparium* wird sogar eine Wirkung gegen Skorbut zugeschrieben, was vermuten läßt, daß die Blätter Vitamin C enthalten.

HEILPFLANZEN IN VOLKSHEILKUNDE, AROMATHERAPIE UND HOMÖOPATHIE

Traditionell werden weltweit Blätter und Früchte vieler Myrtengewächse für heilkundliche Zwecke verwendet, hauptsächlich bei Darmerkrankungen, in der Zahnheilkunde, als auswurffördernde Mittel und zur Wundbehandlung. Die Nutzung geht auch hier wieder quer durch alle Gattungen der Familie, wobei es einige erwähnenswerte, heilkräftige Mitglieder gibt:

Die Gewürznelken werden zum Beispiel seit Alters her wegen ihrer leicht örtlich betäubenden Wirkung als ein bewährtes Mittel bei Zahnschmerz geschätzt, weswegen sie auch heute noch in der Aromatherapie zum Einsatz kommen. In China werden die Nelkenblüten bereits seit 2000 Jahren unter dem Namen *Ding Xiang* verwendet. Die berühmte kräuterkundige Äbtissin des Hochmittelalters, Hildegard von Bingen, empfahl die „*Gariofiles-Nelchin*“ gegen beginnende Wassersucht, Schluckauf und Menstruationsbeschwerden. Der Name „Nelken“ bezieht sich übrigens auf das nagelartige Aussehen der Blüten („Nelchin“: mittelhochdeutsch für „Nägelchen“). In der Homöopathie wird das Nelkenöl als *'Oleum caryophylli'* bei Akne eingesetzt, die sich während der Menstruation verschlimmert.

Familie
Myrtaceen
Myrtengewächse

wichtige Gattungen

Melaleuca

Myrtus
M. comunis
(Myrte)
M. cheken

Syzygium/
Eugenia
(Gewürznelke)
S.jambolanum
(Jambulbaum)

Pimenta
P. acris
(Bay-Öl)

Leptospermum
L. scoparium
(Manuka-Öl)
L. flavescens

Kunzea
K. ericoides
(Kanuka-Öl)

Eucalyptus
E. globulus
(Eucalyptus-Öl)
E. amygdalina
E.dives

wichtige Melaleuca Arten

M. viridiflora
M. uncinata
M. linariifolia
M. cajeptum
M. dissitiflora

Melaleuca alternifolia

<u>Melaleuca alternifolia</u>

Der australische Teebaum

Lieferant des echten Teebaumöls

Als Baum in New South Wales
an der australischen Ostküste beheimatet
Höhe bis 6m.

In seinen Blättern wird das Teebaumöl produziert.
Teebaumöl wirkt gegen Viren, Bakterien und Pilze.

Homöopathisch genutzt werden noch andere Myrtengewächse wie zum Beispiel die europäische Myrte (*Myrtus communis*), die amerikanische Myrte (*Myrtus cheken*) oder der Jambulbaum (*Syzygium jambolanum*), dessen Rinde Wirksamkeit gegen Alters-Diabetes gezeigt hat. Aber auch das Öl des Cajeputbaumes (*Melaleuca cajeputum / leucadendron*) findet Anwendung in der Homöopathie, wenn sich das Gefühl des Anschwellens von Körperteilen, vornehmlich von Kopf und Zunge bei einem Patienten einstellt. Der Eucalyptus Baum *Eucalyptus globulus* schließlich wird als homöopathische Arznei bei bestimmten Formen der fieberhaften Erkältung und sogar bei Typhus erfolgreich eingesetzt.

Die Gattung der *Eucalyptus*-Gewächse ist ein außerordentlich interessanter Zweig der *Myrtaceen*-Familie. Mit über 450 Arten dominieren die *Eucalyptus*-Bäume die australischen Myrtengewächse. Weltweit spielen sie eine herausragende Rolle im wahrsten Sinne des Wortes. Nicht die nordamerikanischen Mammutbäume, wie man vielleicht vermutet, sondern die australischen *Eucalyptus*bäume (*Eucalyptus amygdalina*) sind mit bis zu 150 Metern Höhe die höchsten Bäume, die heute auf unserer Erde wachsen.

Über 170 verschiedene Spezies liefern *Eucalyptus*-Öl, das je nach Herkunft und Zusammensetzung zu ganz verschiedenen Zwecken gebraucht wird. In den 60er Jahren nutzte man in Australien 80 % des dort produzierten *Eucalyptus*-Öls zu technischen Zwecken. Es wurde als Kraftstoffbeimischung für Fahrzeuge verwertet und in den Minen zur Trennung der Zink- und Bleisulfide eingesetzt. Dazu sind solche Öle besonders geeignet, die einen hohen Gehalt an dem Inhaltsstoff *Phellandren* aufweisen, wie zum Beispiel das von *Eucalyptus dives.*

Viele *Eucalyptus*-Bäume wurden in der Vergangenheit wegen ihrer kautschukartigen Säfte angezapft Das so gewonnene Produkt nennt sich „Kino". So ist zum Beispiel das „Botany Bay Kino" kein großes Lichtspielhaus in Sydney, sondern ein Rohstoffprodukt ortsansässiger *Eucalyptus*-Arten.

Das medizinisch angewandte *Eucalyptus*-Öl enthält als Hauptwirkstoff *Cineol* mit mindestens 70 %, weswegen die Substanz oft auch als *Eucalyptol* bezeichnet wird. Bei *Eucalyptus polybractea* kann der *Cineol*-Gehalt des Öles bis zu 95 % betragen. Die uns Europäern ge-

meinhin als *Eucalyptus*-Baum bekannte Art ist meist der *Eucalyptus globulus*, der auch außerhalb Australiens inzwischen weltweit angebaut wird.

Wenn wir nun bei den ätherischen Ölen der Myrtaceen angekommen sind, die für medizinische Zwecke eingesetzt werden, sei, bevor wir dann zu den eigentlichen Teebäumen vordringen, neben dem bereits erwähnten Nelken- und *Eucalyptus*-Öl noch eine andere therapeutisch genutzte Essenz erwähnt, deren Stammpflanze dieser illustren Familie der Myrtengewächse entspringt:

Pimenta acris ist ein naher Verwandter des Piment- oder Nelkenpfefferbaumes, den wir bereits als Gewürzpflanze kennengelernt haben. Die Pflanze ist vornehmlich in Südamerika beheimatet und produziert das sogenannte Bay-Öl, das sowohl wegen seiner vegetativ beruhigenden Wirkung als auch wegen seiner antiseptischen Eigenschaften in der Volksheilkunde genutzt wird.

■ Teebäume im Speziellen

„Teebaum“ ist kein systematischer Name. Diese Benennung gilt gattungsübergreifend für viele Arten der Myrtengewächse, was natürlich immer wieder zu Verwechslungen führt. Zum Teil werden die „Teebäume“ wirklich zur Bereitung von Tee herangezogen, was ihnen diese Bezeichnung eingebracht hat, oder sie ähneln sich in ihrem Habitus und in ihrem Lebensraum so sehr, daß sie, botanisch gesehen, schwierig voneinander abzugrenzen sind.

So sagt man in Australien einfach „Teebaum“ zu allen Bäumen, die aussehen wie eben Teebäume. Genauso sagen wir „Weide“ zu einem weidenartig aussehenden Baum, den wir womöglich noch in Wassernähe erblicken, obwohl es in Europa viele verschiedene Weidenarten gibt und es sich bei dem gesichteten Exemplar auch durchaus um eine nahverwandte Pappelart handeln könnte.

Ein bekannter Vertreter der „Teebäume“ aus der Gattung *Leptospermum* ist der besonders in Neuseeland verbreitete *Leptospermum scoparium*, der nicht nur als Tee-Ersatz dient, sondern auch das Manuka-Öl produziert. Diese Essenz wird medizinisch zur Wundheilung und bei Hautkrankheiten eingesetzt, ganz ähnlich wie das echte Teebaumöl.

Zu nennen ist auch noch das ätherische Öl des „Teebaums" *Kunzea ericoides*. Diese Pflanze erzeugt Kanuka-Öl, ein ebenfalls recht heilkräftiges Destillat.

Die eigentlichen Teebäume entstammen der Gattung *Melaleuca*. Australien ist mit über 60 verschiedenen *Melaleuca*-Arten reich an Teebäumen. Einige von ihnen bringen medizinisch anwendbare ätherische Öle hervor, wie das bereits erwähnte Cajeput-Öl oder das Niauli-Öl von *Melaleuca viridiflora*, das bei Erkältungen und Blasenentzündungen hilfreich sein kann. Auch andere Arten wie *Melaleuca linariifolia*, *Melaleuca uncinata* oder *Melaleuca dissitiflora* werden inzwischen auf ihre medizinische Verwendbarkeit hin untersucht.

Wir haben nun gesehen, daß es diverse Bäume aus unterschiedlichen Gattungen wie *Melaleuca*, *Leptosperum*, *Kunzea* etc. sind, die als Teebäume tituliert werden. Wie soll man denn da ***den*** wahren Teebaum noch ausmachen?

Nun - sehr einfach, an der Wirkung seines Öls ist er leicht erkennbar! Denn in der ganzen, weltweit verbreiteten, fast 3000 Mitglieder starken Familie der Myrtengewächse gibt es nur eine einzige Art, die in der Lage ist, in ihren Blättern das heilkräftige, echte Teebaumöl zu synthetisieren: *Melaleuca alternifolia*!

Allein das aus den Blättern von *Melaleuca alternifolia* gewonnene ätherische Öl hat die einmalige Wirkkraft, die dem Öl den Namen 'Grünes Gold des fünften Kontinents' einbrachte. Nur für das Öl von *Melaleuca alternifolia* gilt der Handelsname „Teebaumöl". Deshalb ist die Angabe des ganzen botanischen Namens *Melaleuca alternifolia* wichtig, um auch wirklich nur diese eine Art anzusprechen.

In der Anfangszeit der Nutzung des Teebaumöls wurden vielfach die Blätter verschiedener Teebaum-Arten zur Destillation zusammengebracht. Oftmals wurde *Melaleuca alternifolia* zusammen mit dem recht ähnlichen *Melaleuca linariifolia* destilliert.

Diese Mischöle hatten hinsichtlich ihrer antiseptischen Wirkung nicht annähernd die Qualität und die Wirkkraft des reinen Elixiers aus der Spezies *Melaleuca alternifolia*. Noch vor einigen Jahre waren unter der Bezeichnung „Teebaumöl" Mixturen im Handel erhältlich, die mit echtem Teebaumöl lediglich den Namen gemeinsam hatten.

DER TEEBAUM *MELALEUCA ALTERNIFOLIA*

Wie wir gesehen haben, ist *Melaleuca alternifolia* der korrekte botanische Name für den Baum, aus dem das echte Teebaumöl gewonnen wird. Es ist eine interessante Geschichte, wie der Baum zu seinem Namen kam.

Die Gattung *Melaleuca* erhielt ihren Namen durch frühe australische Botaniker, die bei der Entdeckung der ersten Exemplare Stämme mit heller, papierähnlicher Rinde und schwarzer Basis fanden. Sie nannten den Baum daher *Melaleuca* (melus, griech. = schwarz und leucon, griech. = weiß). Später stellte sich jedoch heraus, daß es sich hierbei um eine falsche Beobachtung gehandelt hatte. Die dunkel gefärbten Baumstämme waren lediglich eine Folge der in Australien häufig auftretenden Buschfeuer und hatten mit den Pflanzen selbst nichts zu tun.

Ein gängiger Irrtum ist die naheliegende Annahme, daß der Teebaum etwas mit der weithin bekannten Teepflanze *Thea sinensis* zu tun hätte. Es sind vollkommen verschiedene Pflanzen, die botanisch gesehen überhaupt nicht miteinander verwandt sind. Es war vielmehr die erste Nutzung durch die englischen Entdecker Australiens, die diesem populären Namen den Weg bereitete. In Ermangelung von echtem Tee benutzten sie die Blätter der „Teebäume“ als erfrischenden Teeaufguß.

Ungeachtet der kleinen Irrtümer und Verwechselungen handelt es sich bei dem TeeBAUM *Melaleuca alternifolia* wirklich um einen kleinen Baum, der seine volle Höhe mit knapp 6 Metern erreicht. *Melaleuca alternifolia* kommt von Natur aus ausschließlich in Australien vor. Auf dem fünften Kontinent ist seine Verbreitung zudem beschränkt auf die Ostküste. Und selbst dort gedeiht er nur in einem begrenzten Landstrich im nordöstlichen Küstenbereich des heutigen New South Wales.

Der Lebensraum ist ein ausgedehntes Sumpfland rund um die Flüsse Clarence und Richmond mit dem Bungawalbyn Creek als Zentrum seiner heutigen Verbreitung. In dieser Gegend wachsen die Teebäume recht zahlreich.

Der Teebaum ist immergrün mit nadelartigen, ledrigen, leuchtend grünen Blättern. Wenn er blüht, zeigen sich hübsche blaß-gelbe Blütenstände, die in ihrem Aussehen manchmal mit Flaschenbürsten verglichen werden. Die Bestäubung findet hauptsächlich durch kleine Beuteltiere statt, die sich am Nektar der Blüten laben.

In den holzigen Früchten reifen zahllose, winzige Samen heran. Ein Gramm der Samen zählt ca. 40.000 einzelne Samenkörner. In freier Natur pflanzen sich die Teebäume auch vegetativ, das heißt, über Ableger fort. *Melaleuca alternifolia* ist ein schnell wachsender Baum. Wenn ein Samenkorn aufgeht, erreicht die Pflanze innerhalb eines Jahres bereits eine Höhe von bis zu 2 Metern und ist nach 15 Monaten für die erste Ernte bereit.

Sein Stamm ist schlank mit einer glatten hellen Rinde, die sich oft streifenartig vom Stamm ablöst, weshalb die Bäume auch manchmal als Papierrindenbäume bezeichnet werden. In dem sumpfigen Untergrund ihres natürlichen Standortes halten sich die Pflanzen durch ein weitläufiges, tiefes Wurzelgeflecht fest in der Erde verankert. Die frühen australischen Farmer hatten ihre liebe Mühe, wenn sie versuchten, die Baumwurzeln zu entfernen, um neues Ackerland zu schaffen. Blieben noch kleine Reste im Erdreich zurück, fingen diese nämlich schon bald wieder an wie Unkraut zu sprießen.

Das ätherische Öl des Teebaums ist in den kleinen Blättern der Pflanze enthalten. Die Ölbehälter sind als dunkle Flecken an der Blattober- und -unterseite gut mit bloßem Auge erkennbar. Der Anteil des Öls macht etwa 2% der Blattmasse aus. Beim Zerreiben setzen die Blätter das *Melaleuca*öl frei und der charakteristische Duft wird verströmt.

Junge *Melaleuca alternifolia*-Pflanzen sind sehr empfindlich, mit zunehmendem Alter werden die Bäume aber immer widerstandsfähiger. Alte Teebäume zeichnen sich durch eine hohe Resistenz gegenüber Krankheiten aus und selbst Katastrophen wie Buschfeuer oder Überschwemmungen überleben sie meist problemlos. Auch den jährlichen Beschnitt der Bäume zur Teebaumöl-Ernte verkraften die Pflanzen ohne weiteres. Im Gegenteil, Exemplare, die bereits seit vielen Jahrzehnten regelmäßig abgeerntet werden, gedeihen immer noch kraftvoll und gesund.

Auf historischen Pfaden

DIE GESCHICHTE DES TEEBAUMS IN AUSTRALIEN

■ In der Tradition der Aborigines

Im südöstlichen Teil des australischen Kontinents war den dort lebenden Aborigines, den Ureinwohnern Australiens, der Teebaum bereits seit Menschengedenken als heilkräftige Pflanze bekannt. Die Aborigines gewannen das Öl einfach, in dem sie die Laubzweige zerrieben und die daraus entstandene Paste mit den nun geöffneten Ölgefäßen auf die erkrankten Hautstellen legten oder deren Dampf einatmeten. Die Indikationen, bei denen sie die Blätter des Teebaums verwendeten, gleichen unseren heutigen Anwendungen in vielem. Die Pflanze wurde zur Wundversorgung sowie gegen Juckreiz und Insektenstiche verwendet und kam bei der Schmerzlinderung zum Tragen.

Durch die Ausrottung vieler Stämme und die zwangsweise „Inkulturnahme" der überlebenden Aborigines sind unglücklicherweise viele wertvolle Kenntnisse über heilkräftige Pflanzen der australischen Flora verloren gegangen.

Das Wissen über die heilenden Kräfte des Teebaums *Melaleuca alternifolia* konnte sich jedoch erhalten, da diese Pflanze bereits von den ganz frühen europäischen Siedlern dieses Gebietes als Heilpflanze angenommen wurde.

Sir James Cook entdeckt Australien und den Teebaum

Die historisch dokumentierte Geschichte des Teebaums begann mit der Entdeckung Australiens. Bei der ersten seiner drei großen Reisen entdeckte Sir James Cook im Jahre 1770 die Ostküste des australischen Kontinents. Vier Monate lang fuhr er längs der Küstenlinie von Süden nach Norden, bis er im September wieder Kurs auf Java nahm und diese Region vorerst verließ. An zahlreichen Stellen seiner Route ging er an Land, um mit den dort lebenden Eingeborenen Kontakt aufzunehmen und die Gegend zu erforschen.

Es dauerte nicht lange, bis er auf die für diese Landschaft typischen Teebäume aufmerksam wurde. Cook machte die Bekanntschaft mit der aus den Blättern austretenden Essenz - wenngleich auch in gänzlich anderer Form, als die Aborigines sie zu nutzen wußten. Als typische Engländer an Tee gewöhnt, brauten sich Cook und seine Begleiter aus den aromatischen Blättern einen würzigen und erfrischenden Schwarztee-Ersatz, wodurch der mißverständliche Name Teebaum (engl. Tea Tree) entstanden ist.

Auf dieser ersten Reise starb ein Drittel der Besatzung von Cooks Schiff, der „Endavour", durch Skorbut, die damals noch gefürchtete Vitamin-C-Mangelerkrankung der Seeleute. Es ist unwahrscheinlich, daß das überlieferte Trinken des Teebaumblätter-Suds als Vorbeugungsmittel gegen Skorbut hier große Wirkung gezeigt hat. Es handelte sich dabei vielmehr um einen Akt der Verzweiflung.

In den Aufzeichnungen Captain Cooks zu seiner zweiten Entdeckungsreise im Jahre 1777 taucht die Bezeichnung Teebaum zum ersten Mal in schriftlicher Form auf. In dem Tagebuch werden die Teebaum-Blätter als Zusatz für ein selbstgebrautes Bier verwendet, was dem Gebräu seine Bitterkeit nehmen sollte.

■ Der Siegeszug des *Melaleuca*-Öls im Jahrhundert der Antibiotika

Die Hymne des bereits vor Jahrhunderten auf dem fünften Kontinent angestimmten Lobliedes über die wunderbaren Eigenschaften des Teebaumöls wurden 1922 erstmals von dem australischen Wissenschaftler Dr. A. R. Penfold bewiesen. Er untersuchte als Erster das Teebaumöl der Spezies *Melaleuca alternifolia* systematisch hinsichtlich seiner antiseptischen Wirkung.

1925 veröffentlichte er seine Erkenntnisse, die daraufhin einen wahren Teebaum-Boom auslösten. Penfold hatte festgestellt, daß das Teebaumöl die bis zu 13fache antiseptische Wirkung des damals in der Medizin gebräuchlichen Antiseptikums Karbolsäure (*Phenol)* erreichte. Die Essenz von *Melaleuca alternifolia* erwies sich zudem als nicht toxisch und gewebeschonend.

In den folgenden Jahren erschienen in australischen Medizinzeitschriften immer wieder Berichte über die Nützlichkeit des Öls als Hautantiseptikum. Flechten, arthritische Beschwerden - fast alles wurde unterdessen mit Teebaumöl behandelt. Im Jahre 1930 war in einem Artikel des Medical Journal of Australia zu lesen, daß durch Verwendung des in Wasser getropften Öls als Gurgelmittel eine schnelle Heilung bei Halsentzündungen sowie eine Linderung bei Halsschmerzen erreicht werden konnte.

Drei Jahre später lobte eine andere renommierte Fachzeitschrift die stark desinfizierende Wirkung des Teebaumöls, das bei Erkrankungen des Halses, der Mundhöhle, in der Zahnheilkunde und selbst in der Frauenheilkunde sehr hilfreich sei.

1937 stellten Mediziner fest, daß die bakterien- und pilzhemmenden Eigenschaften des Teebaumöls in Gegenwart von Blut, Eiter und pathologischem Material noch bis zu 10-12 % anstiegen. Der Einsatz als natürliches Antiseptikum war nun in der Medizin Australiens anerkannt und gewann zunehmend an Bedeutung.

Das Teebaumöl war so berühmt, daß die australische Armee während des 2. Weltkrieges die Arbeiter, die zur Teebaum-Ernte eingesetzt wurden, vom Militärdienst befreite - nur um die weitere Produktion sicherzustellen. Die Gewinnung des Öls galt damals als „kriegswichtige Produktion“. In dieser Zeit wurde es Maschinenölen bei der Metallverarbeitung zugesetzt. Damit sollte eine mögliche Infektion bei Verletzungen der Haut durch Metallspäne verhindert werden.

Aufgrund einer Reihe von wirtschaftlichen Faktoren trat nach dem Krieg eine nachhaltige Stagnation im Wachstum der noch jungen Teebaumöl-Industrie ein. Zum einen war es Alexander Fleming Ende der zwanziger Jahre gelungen, mit dem *Penicillin* das erste Antibiotikum zu isolieren. 1945 erhielt er für seine Arbeit den Nobelpreis, und damit war die Ära der Antibiotika und synthetischen Desinfektionsmittel eingeläutet. Die neuen pharmazeutischen Stoffe wurden als Wundermittel der Zukunft angepriesen. Das Teebaumöl geriet in Vergessenheit.

Ein anderer Grund für den wirtschaftlichen Einbruch, der die Teebaumöl-Herstellung in den fünfziger Jahren erfaßte, war im Erzeugungsverfahren selbst zu suchen. Zu dieser Zeit wurde *Melaleuca alternifolia* noch nicht auf Plantagen angebaut, sondern die Gesamtheit des geernteten Pflanzenmaterials stammte aus Wildsammlungen. Dadurch konnten oftmals nicht die notwendigen Mengen erzielt werden, und es ergaben sich immer wieder Lieferengpässe.

Das Blatt wendete sich erst wieder in den achtziger Jahren. Nun begann man mit der Anlegung von Plantagen mit *Melaleuca alternifolia*-Bäumen und auch die Destillationsmethoden wurden modernisiert. Eine zunehmend professionellere Vermarktung legte den Grundstein für das weltweite Comeback des grünen Goldes. Diese Entwicklung konnte sich durchsetzen, weil inzwischen das Vertrauen der Menschen in die jahrzehntelang hochgehaltenen synthetischen Desinfektionsmittel durch Bekanntwerden der Nebenwirkungen oder Resistenzerscheinungen bei den Erregern nachhaltig gesunken war. Viele Menschen waren auf der Suche nach ganzheitlichen, natürlichen und verträglichen Alternativen.

Heute ist Australien in der Lage, naturreines, medizinisch hochwirksames Öl der Spezies *Melaleuca alternifolia* in ausreichender Menge zu gewinnen und zu liefern.

Das ätherische Teebaumöl ist ein natürlicher Schatz und eines der wunderbarsten Mittel, das die Natur zu bieten hat. Seine antibakterielle (bakterienabtötende), antimykotische (pilzabtötende) und antivirale (virenabtötende) Wirkung steht mittlerweile außer Zweifel. Teebaumöl hat keine gewebeschädigende oder hautreizende Wirkung, ist nicht toxisch und daher dermatologisch unbedenklich. Es kann direkt auf erkrankte Stellen oder auf offene Wunden aufgetragen werden und zeigt andererseits sogar noch bei starker Verdünnung Wirkung gegen krankheitserregende Keime.

Von Schnittern und Essenzen

ANBAU UND ERNTE VON *MELALEUCA ALTERNIFOLIA*

■ Wildschnitt

Die meisten Ölerträge stammten bis in die achtziger Jahre noch von Bäumen, die in in ihrer natürlichen Umgebung entlang der Wasserwege und in den Sümpfen von New South Wales wuchsen. Doch die ursprüngliche Art der Teebaumernte war sehr aufwendig und mühsam.

Zu dieser Zeit lag die Produktionsmenge an australischem Teebaumöl noch unter 20 Tonnen/Jahr. Die Teebaumschneider, die in Australien einfach „Cutter“ = Schnitter heißen, mußten zu Fuß, nur mit der Machete und mit Säcken ausgerüstet, ins dichte Sumpfland vordringen.

Das Schwierige an der Ernte war nicht das Auffinden geeigneter Teebäume oder das Schlagen der Äste. Vielmehr waren die Männer vor die Aufgabe gestellt, die kleinen Blätter mit der blanken Messerscheide von den Zweigen zu raspeln, möglichst ohne dabei das Blattgewebe zu verletzen, wodurch die Ölgefäße frühzeitig geöffnet worden wären. Diese Arbeit erforderte schon einiges an Übung und Präzision. Dennoch brachten es die erfahrensten Schnitter auf bis zu eine Tonne Pflanzenmaterial pro Tag. Diese riesige Menge an eingesammelten Teebaumblättern erbrachte bei der anschließenden Destillation letztendlich nur etwa 12 kg des Teebaumöls.

■ Plantagenanbau

Es war klar, daß man über kurz oder lang versuchen würde, den großen Zeit- und Personalaufwand, den das Abernten der wilden *Melaleuca alternifolia*-Bäume im Busch erforderte, zu reduzieren. Die australischen Teebaumöl-Produzenten mußten sich auf die steigende Nachfrage nach dem „Grünen Gold des fünften Kontinents" einstellen.

Mit dem Aufbau von Plantagen besteht die Möglichkeit, die Ernte maschinell durchzuführen und unmittelbar danach in einer angegliederten, technisch gut ausgestatteten Destillationsanlage die Ölproduktion zu bewerkstelligen. Durch günstige Verkehrsanbindung läßt sich das Erntematerial gegebenenfalls auch in größere Produktionsbetriebe verfrachten. Inzwischen gibt es Betriebe, deren Anbauflächen sich auf 4.300 ha ausdehnen.

Am Beginn des Teebaum-Anbaus stand allerdings das pure Experiment. Die ersten Teebaum-Farmer betraten ein Stück landwirtschaftliches „Neuland". Es gab keinerlei Erfahrung mit der Anpflanzung des *Melaleuca alternifolia,* und es wurde sogar daran gezweifelt, daß der Baum je außerhalb seiner natürlichen Umgebung, dem sandig-lehmigen, nährstoffarmen und immer feuchten Boden der Sumpfgebiete, gedeihen würde.

Nun, hier wie in so vielem, hatte *Melaleuca alternifolia* Überraschendes zu bieten. Die Bäume gediehen wie selbstverständlich auf dem angebotenen nährstoffreichen, windgeschützten, gut bewässerten Akkerland, das oft aus ehemaligen Zuckerrohrplantagen hervorgegangen war. Und dennoch erwies es sich als nicht so einfach, den Baum zu „zähmen".

Die moderne Landwirtschaft erwartet von den angepflanzten Züchtungen unter anderem konstante Ertragsmengen der einzelnen Pflanzen. Um diesem Ziel näher zu kommen, selektierte man fleißig ertragreiche Teebäume aus und sammelte deren Samen, um aus ihnen wiederum noch ertragreichere Exemplare heranzuziehen.

Generell funktionierte dieses Verfahren ganz zufriedenstellend, trotzdem war es aber auch immer wieder erstaunlich, wie sehr nicht nur die Ölmenge, sondern auch die Öl-Qualität der Nachkommen ein und desselben Teebaumes divergieren konnten. Man nimmt an, daß zum Teil

Standortbedingungen für diese individuelle Variationsbreite verantwortlich sind. Das heißt, Niederschlagsmengen, Nährstoffversorgung und Erntezeit spielen eine große Rolle für die Ertragsmengen der Teebäume. Dennoch, auch benachbarte Bäume, die ja genau den gleichen Umweltbedingungen ausgesetzt sind, unterscheiden sich manchmal sogar im Zeitpunkt der Reife, das heißt, dem Zeitpunkt, an dem die höchste Ölmenge in den Blättern vorhanden ist.

Ein anderes Problemfeld der Plantagenproduktion ist die Anzucht der Teebäume. Der generelle Schwachpunkt von *Melaleuca alternifolia* ist die Empfindlichkeit der jungen Pflanze bis zu dem Zeitpunkt, da sie ausgewachsen ist. Allein schon das Anpflanzen der winzig kleinen Samen, bei deren Aussaat man eher an Pfefferstreuen als an Samenanpflanzung denkt, hat sich zu einem speziellen Produktionszweig der Teebaumöl-Industrie entwickelt.

Als erfreulich hat es sich erwiesen, daß *Melaleuca alternifolia* offensichtlich sehr gesellig ist. Man stellte schon bald fest, daß die Teebäume umso bessere Erträge brachten, je dichter man sie pflanzte. Die heutigen Pflanzabstände von 0,50 m bei einem Reihenabstand von ca. zwei Meter bilden ein Optimum zwischen dem optimalen Wachstumsabstand und dem optimalen Abstand für die Arbeit der Erntemaschinen. Auf einem Hektar stehen mancherorts somit über 20.000 Teebäume.

Melaleuca alternifolia ist ein schnell wachsender Baum. Je nach Bodenbeschaffenheit und klimatischen Bedingungen kann er bereits nach 12 bis 15 Monaten zum ersten Mal abgeerntet werden. Die Erntemaschinen schneiden den Stamm über dem Boden ab und sammeln die Blätter und Zweige ein. Diese werden im Anschluß an die Ernte sofort durch eine Wasserdampfdestillation weiterverarbeitet. Aus dem abgeschnitten Strunk wachsen seitlich zahlreiche Schößlinge nach, so daß die Pflanzen nun mehr einem Strauch als einem Baum ähneln.

Erfahrene Buschschnitter wissen, daß die Jahreszeit der Ernte über Öl-Qualität und Menge entscheidet. Es hat sich schon sehr früh gezeigt, daß die aus den Blättern zu gewinnende Ölmenge zum Beginn des australischen Sommers, im November, stark ansteigt und im Juni wieder abfällt, wenn in New South Wales der Winter einsetzt. So läuft im Dezember die große Erntezeit an, die sich bis etwa Mai/Juni fortsetzt. Sollten Sie erwägen, eine Teebaum-Plantage einmal selbst zu besuchen, ist der australische Sommer oder Herbst sicher die interessanteste Jahreszeit dafür.

Ein abgeernteter Teebaum braucht mindestens ein Jahr, um sich zu regenieren, so daß sich der Erntemonat immer ein wenig nach hinten verschiebt. Dies ist mit ein Grund für die relativ lange Spanne der Erntezeit. Die Farmer versuchen, möglichst ein Optimum zwischen der benötigten Erholungszeit und der höchsten Ölfracht der Teebäume zu erreichen. Dazu werden auch bereits wissenschaftliche Untersuchungen angestellt.

Noch eine kleine Geschichte am Rande zum Thema Anbau außerhalb Australiens: *Melaleuca leucadendron*, ein naher Verwandter des echten Teebaums, wurde Anfang des Jahrhunderts nach Florida exportiert. Da die Pflanzen dem Boden sehr viel Wasser entziehen, erhoffte man sich, mit Hilfe des Cajeput-Baumes die Sümpfe in den Everglades trockenzulegen. Nun, zum Teil ist das sicherlich gelungen, aber wie bei vielen Pflanzen, die durch den Menschen in ein fremdes Ökosystem eingebracht werden, schlug die erwünschte Wirkung irgendwann ins Gegenteil um.

Die angepflanzten Bäume entwickelten sich prächtig. So prächtig, daß sie inzwischen zu einer Landplage geworden sind, weil sie Wälder bildeten, die fast 6 % der Landfläche des Südens von Florida ausmachen. Bislang wurde noch kein Mittel gefunden, die Ausbreitung der Spezies unter Kontrolle zu halten, gerade wegen ihrer vielgerühmten Robustheit und Anpassungsfähigkeit.

Dieses Beispiel sollte ein Appell sein, mehr Vorsicht bei Überlegungen walten zu lassen, den Teebaum allzu sorglos in Feuchtgebieten außerhalb Australiens anzubauen. Plantagenausreisser können sich schnell eine Schneise in die neue Umwelt schlagen und die einheimische Flora in Bedrängnis bringen. *Melaleuca alternifolia* ist ein australischer Baum und speziell in das Ökosystem seiner Heimat auf dem fünften Kontinent eingepaßt.

In den letzten Jahren werden zunehmend Versuche gestartet, die Teebäume in anderen Teilen der Welt anzubauen. Dies kann, auf die Dauer gesehen, durchaus Risiken in sich bergen, wie wir am Beispiel der Everglades erkennen können.

■ Ökologischer Anbau

Plantagen-Anbau geht meist auch einher mit dem Anlegen von Monokulturen, womit sich natürlich wiederum oft diskutierte Fragen nach Düngemittel- und Pestizideinsatz anschließen. Viele der heutigen Teebaumöl-Farmen sind auf den Böden ehemaliger Zuckerrohr- und Tabakplantagen entstanden. Viele Jahrzehnte des Monokultur-Anbaus haben diese Böden stark beansprucht. Außerdem sind Zuckerrohr- und Tabakplantagen in früheren Jahren in den meisten Fällen mit Pestiziden behandelt worden, was zu Rückständen dieser Substanzen in dem gewonnenen Öl führen könnte. Aus diesem Grund wird das produzierte Teebaumöl auf fast allen Plantagen vor der Auslieferung auf chemische Rückstände hin untersucht.

Wer ganz sicher gehen will, sollte Teebaumöl aus kontrolliert biologischem Anbau ausgewiesener Farmer benutzen. Ein australischer Teebaum-Anbauer, der in den Verband der Biological Farmers of Australia aufgenommen werden möchte, muß nachweisen, daß er seine Bäume mindestens 3 Jahre lang nicht mit Chemikalien behandelt hat. Dann werden die Bestände und die Böden auf Pestizidrückstände hin untersucht. Erst nach einem positiven Ergebnis darf er die Bezeichnung 'Biological Farmer of Australia' für sich in Anspruch nehmen.

Mancherorts wird das Öl immer noch aus Blättern destilliert, die direkt im Busch geschnitten werden. Unter ökologischen und nach qualitativen Gesichtspunkten ist diese Art der Blatternte von *Melaleuca alternifolia* besonders interessant. Das so gewonnene Teebaumöl ist erstklassig, was seine Reinheit von Chemierückständen anbetrifft. Der Duft des Öls ist würzig und kräftig, da es meist ältere Baumbestände sind, die regelmäßig abgeerntet werden.

Auch das manuelle Schneiden der Bäume ist eine naturschonende Art der Ernte. Im Gegensatz zu Wildsammlungen vieler anderer Heilpflanzen wird der natürliche Bestand durch das Abernten nicht gefährdet. Die Pflanze selbst bleibt erhalten, und erfahrungsgemäß wird durch die achtsame und professionelle Arbeit der Schnitter das Wachstum der Blätter sogar gefördert. Diese Art des Beschnitts ist sehr gut zu vergleichen mit der Kopfweiden-"Ernte", die bis vor wenigen Jahrzehnten auch bei uns noch, besonders in Weinbaugegenden, betrieben wurde. In Ölen, die aus wildwachsenden Teebäumen gewonnen werden, sind in der Regel alle wichtigen Wirkstoffe enthalten.

Die Mengen an Teebaumöl aus Wildsammlungen sind allerdings nicht ausreichend, um den wachsenden Bedarf zu decken. So bieten einige Vertreiber *Melaleuca*-Öl an, das eine Mischung von Öl aus kontrolliert biologischem Anbau und Wildschnittmaterial darstellt, um gleichbleibend beste Qualität gewährleisten zu können.

■ Qualitätskategorien von Teebaumöl

Aufgrund der verschiedenen Anbau- und Gewinnungsmethoden ergeben sich unterschiedliche Qualitätskategorien für Teebaumöl, die hier kurz aufgeführt werden sollen:

1. Teebaumöl aus Wildsammlungen

• Natürliches Wachstum im australischen Busch, schonende Ernte, ohne den Baumbestand zu schädigen, besonders gutes Aroma, da ältere Bäume.
• Gaschromatographische Analyse wichtiger Einzelsubstanzen des Öls, Rückstandsanalyse für chemische Fremdsubstanzen.
• Verwendung in der Aromatherapie, der therapeutischen Gesundheitspflege, der Hausapotheke, der weiblichen Hygiene und zur Herstellung von Kosmetik allerhöchster Qualität.
• Zertifikat für die Wildsammlung.

2. Teebaumöl aus kontrolliert biologischem Anbau

• Gaschromatographische Analyse wichtiger Einzelsubstanzen des Öls, Rückstandsanalyse für chemische Fremdsubstanzen.
• Verwendung in der Aromatherapie, der therapeutischen Gesundheitspflege, der Hausapotheke, der weiblichen Hygiene und zur Herstellung von Kosmetik allerhöchster Qualität
• Zertifikat für den biologischen Anbau.

3. Chemiefreies Teebaumöl

• Zu dieser Kategorie zählen Öle von Plantagen in der Umstellungsphase auf ökologischen Landbau.
• Gaschromatographische Analyse wichtiger Einzelsubstanzen des Öls, Rückstandsanalyse für chemische Fremdsubstanzen.
• Geeignet für Kosmetik, Verwendung in der therapeutischen Gesundheitspflege, der Hausapotheke und der weiblichen Hygiene.

4. Pharmazeutisches Teebaumöl

• Konventioneller Plantagenanbau, Samenzucht aus Wildsamen.
• Gaschromatographische Analyse wichtiger Einzelsubstanzen des Öls, Rückstandsanalyse für chemische Fremdsubstanzen.
• Geeignet für Kosmetik. Verwendung in der therapeutischen Gesundheitspflege, Hausapotheke und der weiblichen Hygiene.

5. Kosmetisches Teebaumöl

• Konventioneller Plantagenanbau.
• Ohne Analyse.
• Verwendung in kosmetischen Artikeln wie Shampoos, Hautpflegeprodukten etc.

6. Technisches Teebaumöl

• Keine Analyse.
• Wird als Öl für Seife, Haustierpflegeprodukte und Reinigungsmittel, Desinfektionsmittel für Klimaanlagen verwendet.

■ Gewinnung des Teebaumöls

Das ätherische Öl des Teebaums wird durch die traditionelle Wasserdampfdestillation gewonnen. Für eine durchschnittliche Charge der Destillationsanlage werden zwei Tonnen Blätter von *Melaleuca alternifolia* benötigt. In der Anlaufphase dauert es etwa eine halbe Stunde, bis die Arbeitstemperatur in der Destillieranlage erreicht ist. Der gesamte Destillationsvorgang währt etwa drei bis vier Stunden.

Betrug die Jahresproduktion des Teebaumöls in Australien 1985 noch etwa 10 Tonnen, so stieg sie bis 1993 auf über 145 Tonnen. Die neuesten Zahlen liegen bei über 700 Tonnen, was das forsche Wachstum der Teebaumöl-Industrie sehr anschaulich wiederspiegelt.

Die Ölausbeute aus den Blättern von *Melaleuca alternifolia* liegt zwischen 1 und 2 %. Somit lassen sich aus 100 kg Teebaum-Blättern etwa 1 - 1,5 kg des ätherischen Öls gewinnen. Dies ist ein relativ hoher Ertrag, wenn man im Vergleich dazu zum Beispiel die Wasserdampfdestillation von Rosenöl nimmt, wo mit 100 kg Blütenblättern gerade einmal 5 - 8 g (!) des ätherischen Öls zu erringen sind.

Das frisch gewonnene Teebaumöl ist dünnflüssig, und seine Farbe reicht von farblos bis zu einem hellen Gelb. Das würzige Aroma erinnert an Muskatnuß und Eucalyptus. Das Öl der im Busch wachsenden Bäume ist meist von kräftigerem Geruch als das Öl, das die in Plantagen gepflanzten Bäume liefern.

Wasserdampfdestillation

Die erforderliche Hitze für eine Dampfdestillation wird durch ein Holzfeuer erzeugt. Die kompressierten Pflanzenteile befinden sich in der Dampfkammer. Je nach Größe faßt das Destillationsgefäß zwischen 1500 und 5000 Liter.

Wenn das kochende Wasser eine bestimmte Temperatur erreicht, wird der Wasserdampf von unten her in den Bottich geleitet. Er steigt zwischen den Blättern auf und durchdringt diese. Die Ölbehälter der Blätter öffnen sich und das ätherische Öl wird freigesetzt. Der Dampf verläßt das Gefäß nach oben und zieht das ätherische Öl mit sich heraus.

Die ätherische Essenz der Pflanze kühlt mit dem Dampf ab und gelangt in einen Sammelbehälter. Dadurch, daß ätherische Öle im allgemeinen leichter als Wasser sind, scheidet sich das Destillat an der Oberfläche ab. Das so gewonnene Elixier wird gesammelt, filtriert und anschließend für den Versand in rostfreie Stahlbehälter abgefüllt.

TEIL II

Wie wirkt *Melaleuca alternifolia*?

MEHR ALS DIE SUMME SEINER TEILE

■ Über 90 Einzelsubstanzen harmonieren im Teebaumöl

Reines Teebaumöl ist eine außerordentlich komplexe Substanz, die sich aus inzwischen über 90 nachgewiesenen organischen Verbindungen zusammensetzt. Ihre wesentlichen Bestandteile sind *Terpinene, Pinene, Cymene, Terpineole, Cineol, Sesquiterpinene, Sesquiterpinenalkohol.*

Tabelle 1 zeigt eine Reihe der Hauptbestandteile mit ihren prozentualen Anteilen am Melaleuca-Öl. Diese Werte zeigen sich bei einer typischen Teebaumöl-Analyse für ein Öl mit niedrigem *Cineol*-Gehalt.

Tab. 1: Hauptbestandteile im *Melaleuca*-Öl mit ihren prozentualen Anteilen. * kennzeichnet die beiden Indikatorsubstanzen *Terpinen-4-ol* und *1,8 Cineol*, deren Gehalt für die Definition der medizinischen Eigenschaften des Öls herangezogen wird.

Substanz	**typischer Analysewert**
Terpinen-4-ol *	36,7 %
x-Terpinen	20,2 %
y-Terpinen	9,4 %
1,8 *Cineol* *	3,9 %
Terpinol	3,4 %
p-Cymen	3,1 %
x-Terpineol	2,4 %
Aromadendren	2,4 %
Viridifloren	2,0 %
x-Cadinen	1,6 %
x-Pinen	1,3 %
Sabinen	1,3 %
Limonen	1,1 %
Myrcen	0,8 %
x-Phellandren	0,7 %
Viridiflorol	0,2 %
Globulol	0,1 %
Linalool	0,1 %

Da es sich bei Teebaumöl um ein Naturprodukt handelt, variieren die Mengenverhältnisse der verschiedenen Inhaltsstoffe des Teebaumöls immer etwas untereinander. Dieses Phänomen ist keineswegs ungewöhnlich; es zeigt sich bei vielen, aus Heilpflanzen gewonnenen Essenzen.

Bisweilen werden beim Teebaumöl aber auch Auszüge gewonnen, deren Zusammensetzung stark von den typischen Werten abweicht. Man spricht von sogenannten Exotenauszügen. So kann zum Beispiel der *Cineol*-Gehalt im Teebaumöl zwischen 2 und 65 Prozent liegen.

Solche krassen Schwankungen können sich auf das Heilpotential des Teebaumöls auswirken. Deshalb sind ständige Qualitätsuntersuchungen des produzierten Teebaumöls unabdingbar. Da es unmöglich ist, die genauen Gehaltsanteile aller Bestandteile des Öls einzeln zu bestimmen, orientieren sich die australischen Produzenten an den Anteilen zweier wichtiger, medizinisch wirksamer Bestandteile des Teebaumöls, dem *Terpinen-4-ol-* und dem 1,8 *Cineol*.

Die entzündungshemmenden und antiseptischen Eigenschaften des Melaleuca-Öls scheinen wesentlich vom Gehalt an *Terpinen-4-ol* abzuhängen. Je höher sein Anteil am Substanz-Pool des Öls ist, umso wirksamer ist die jeweilige Essenz. *Terpinen-4-ol* ist normalerweise der

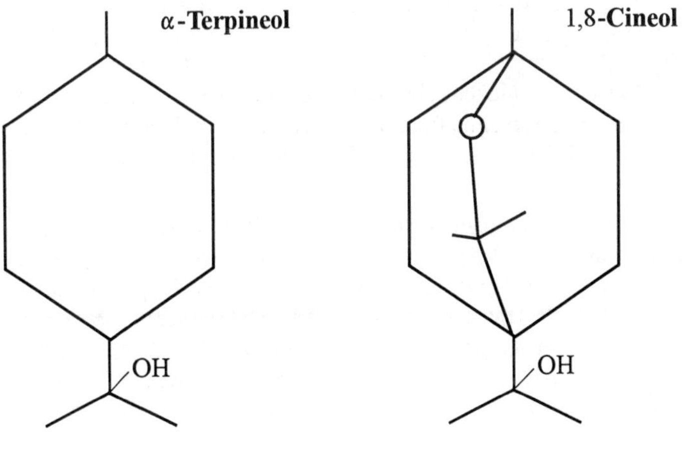

Hauptbestandteil des Melaleuca-Öls mit Werten zwischen 30 und 40 %.

Das *1,8 Cineol* hat nützliche medizinische Eigenschaften, insbesondere wirkt es krampf- und schleimlösend bei Krankheiten des Atmungstraktes. Es regt Appetit und Verdauung an.

Weil es der Hauptbestandteil des *Eucalyptus*-Öls ist, wird es auch als *Eucalyptol* bezeichnet. Der Abbau des *Cineol*s im Körper erfolgt zum Teil über die Lunge, was dann auch am charakteristischen Geruch der Atemluft erkennbar ist, zum Teil wird es in der Leber umgebaut und über die Nieren ausgeschieden.

Lange Zeit wurde *Cineol* als hautreizender Stoff angenommen, da man feststellte, daß Teebaumöle mit einem hohen *Cineol*gehalt von über 30 % manchmal zu Hautirritationen führten. Nach neueren Untersuchungen kommt *Cineol* für diese hautreizende Wirkung nicht mehr in Frage. Knight und Hausen (1994) identifizierten hauptsächlich drei Stoffe, die zu Hautreizungen führen können: *d-Limonen*, x-*Terpinen* und *Aromadendren*.

Wenn man bedenkt, daß das *Cineol* der Hauptbestandteil des Eucalyptusöls ist (> 70 %) und sich hier auch keine besonderen Hautunverträglichkeiten einstellen, ist dieses Untersuchungsergebnis eigentlich nicht verwunderlich. Woher die Tendenz des Teebaumöls kommt, bei höherem *Cineolgehalt* eher hautreizend zu wirken, ist noch ungeklärt. Es ist möglich, daß sich gleichzeitig mit dem *Cineol*-Anteil auch die prozentualen Anteile der hautreizenden Stoffe im Teebaumöl erhöhen, oder aber vielleicht sinkt in solchen Destillaten auch der Anteil der Substanzen, die die reizenden Stoffe in Schach zu halten vermögen. Das genaue Kausalgefüge bei den nahezu 100 Einzelstoffen des Teebaumöls wird auf Grund seiner Komplexität schwer zu entschlüsseln sein.

Es gibt noch eine bedeutende Konsequenz eines hohen *Cineol*-Gehaltes im Teebaumöl: Die Pflanze produziert einen höheren *Cineol*-Anteil in ihrer Essenz auf Kosten des antiseptisch wirkenden Hauptbestandteils, des *Terpinen-4-ol*s. Dies kann so weit gehen, daß schließlich das *Cineol* mit über 60% zum Hauptbestandteil wird und die Menge des vorhandenen *Terpinen-4-ol* bis unter 2 % sinkt. Ein solches Teebaumöl ist für die Anwendung als Antiseptikum nahezu wertlos.

■ Auf die richtige Mischung kommt es an

Für sich alleine genommen, zeigt keine der vielen Substanzen des Teebaumöls eine besondere medizinische Wirkung. Nur in der harmonischen Kombination erreichen die Stoffe ihre einmalige Heilkraft. Dies ist eine Qualität, die vielen ätherischen Ölen zu eigen ist, wobei das Zusammenwirken der Einzelbestandteile erst die Gesamtwirksamkeit der Essenz herbeiführt.

Diese Tatsache erklärt auch, warum synthetisch hergestellte Produkte oder „naturidentische" Öle nicht mit den Eigenschaften der natürlich gewonnenen Öle konkurrieren können.

Bei vielen der wissenschaftlichen Untersuchungen, die inzwischen zu *Melaleuca alternifolia* vorliegen, wird auf den Gebrauch von Öl mit einem geringen *Cineol*-Gehalt hingewiesen, unter anderem in jenen von Penfold und Morrison (1946), Günther (1950) und Lassak und McKarthy (1983). Diese Erfahrungen wurden als Grundlage für eine Standardisierungsvorschrift durch die Tea Tree Association of Australia herangezogen, die heute noch die gesetzliche Grundlage für den Wirkstoffgehalt im *Melaleuca*-Öl bildet. Der aktuell gültige australische Standard von 1985 schreibt vor, daß der *Terpinen-4-ol* Gehalt über 30 % und der 1,8 *Cineol* Gehalt unter 15 % liegen müssen.

Ein Teebaumöl höchster Qualität sollte jedoch einen maximalen *Cineol* Gehalt von 5 % und einen *Terpinen-4-ol* Gehalt von deutlich über 30 % aufweisen.

Der internationale Standard für das Teebaumöl bezieht sich auf die Norm ISO 4730. In Deutschland gelten die Richtlinien nach dem Deutschen Arzneimittel Codex (DAC 1986) von 1996, 8.Ausgabe.

Da der Bedarf an Teebaumöl in den letzten Jahren weltweit zugenommen hat, wurde das Öl auch zunehmend zum Gegenstand von Verfälschungen, im allgemeinen durch den Zusatz von *Cineol*, dem Hauptbestandteil des Eukalyptusöls, der diesem den charakteristischen kampferähnlichen Geruch verleiht.

Eine andere Variante der Öl-Fälschung besteht darin, den *Terpinen-4-ol* Gehalt künstlich zu erhöhen. Eine solche Manipulation wird durch Laboruntersuchungen offenbar. Das *Terpinen-4-ol* liegt normalerweise in zwei optischen Varianten (+ und -) nebeneinander vor. Bei der Analyse eines gepanschten Öles verschiebt sich plötzlich das übliche Verhältnis der beiden Modifikationen von 2:1 hin zu ganz anderen Zahlen. Außerdem tauchen im Gesamtspektrum unerwartete, fremde Komponenten auf.

Bei qualitativ hochwertigem und reinem Teebaumöl wird jede Charge nach der Destillation untersucht und auf seinen *1,8-Cineol* und *Terpinen-4-ol* Gehalt hin überprüft.

Die einzigartige Wirkkombination des Teebaumöls

Aufgrund seiner einzigartigen Zusammensetzung hat *Melaleuca alternifolia* eine Reihe von bemerkenswerten Eigenschaften, die in einem großen Spektrum von Beschwerden medizinisch anwendbar sind. Was Teebaumöl von anderen Heilmitteln unterscheidet, ist die Tatsache, daß seine Wirkung sich auf vier Arten von gesundheitsschädigenden Organismen erstreckt: Arthropodische Parasiten, Pilze, Bakterien und Viren werden von dem Öl angegriffen und besiegt.

Parasitäre Arthropoden - Antiparasitäre Wirkung

Melaleuca-Öl weist sich als effektives Mittel zur Bekämpfung von Parasiten und Insekten aus. Es findet erfolgreichen Einsatz bei der Abwehr von Stechmücken, aber auch bei der Vertreibung von Milben, Läusen, Flöhen und Zecken.

Pilze - antimykotische Wirkung

Melaleuca alternifolia kann einer Reihe von Pilzen das Leben schwer machen: *Trichophyton mentagrophytes, Trichophyton rubrum, Aspergillus niger, Aspergillus flavus, Candida albicans, Microsporum canis, Microsporum gypseum, Thermoactinomycetes vulgaris.*

Damit wirkt das Teebaumöl gegen eine ganze Schar von Erkrankungen, die durch diese Pilze ausgelöst werden: Hautpilzerkrankungen aller Art und Soor gehören dazu.

Bakterien - antibakterielle Wirkung

In der Anwendung gegen Bakterien stellte sich *Melaleuca alternifolia* als besonders wertvoll bei der Bekämpfung von Entzündungs- und Eitererregern heraus. Aber noch andere krankheitserregende Mikroben werden durch das Teebaumöl in ihrem Wachstum und ihrer Verbreitung eingedämmt. Insgesamt ist es eine stattliche Liste: *Staphylococcus aureus, Staphylococcus epidermidis, Staphylococcus pneumoniae, Staphylococcus faecalis, Staphylococcus pyrogenes, Staphylococcus agalactiae, Propionibacterium acnes, ß-hämolysierende Streptococcen,*

Escherichia coli, Mycobakterium phlei, Klebsiella pneumoniae, Citrobacter, Shigella sonnei, Proteus mirabilis, Legionella pneumophila, Pseudomonas aeruginosa, Eberthella lyphosa, Bacillus negatherium und andere mehr.

Diese Liste wird sich in den nächsten Jahren sicherlich noch erweitern.

Somit ist das Teebaumöl besonders bei allen Wunden und Entzündungen der Haut gefragt. Als Desinfektionsmittel ist es aber auch im gesamten Atmungstrakt und im Urogenitalsystem (Blase, Scheide, Penis) von besonderer Bedeutung.

■ Viren - antivirale Wirkung

Als besonders kraftvolles Heilmittel kann Teebaumöl gegen viele weitverbreitete, durch Viren hervorgerufene Infektionskrankheiten agieren wie zum Beispiel Windpocken, Viren der Herpes-Gruppe oder Warzen.

Teebaumöl ist absolut hautfreundlich!

Neben diesen drei Grundrichtungen seiner Wirkungsweise hat das Teebaumöl noch weitere Eigenschaften, die das positive Gesamtbild seines Könnens abrunden:

■ Das wurde in den Jahrzehnten seiner medizinischen Anwendung immer wieder hervorgehoben und durch Studien belegt. Dadurch sind wir in der Lage, das Öl pur auf die Haut oder auf Verletzungen aufzutragen. Hierdurch wird gewährleistet, daß die wirkenden Bestandteile ungehindert an die richtige Stelle gelangen können und, im Gegensatz zu vielen synthetischen Desinfektionsmitteln, dem erkrankten Gewebe nicht schaden, sondern zusätzliche Hilfe und Unterstützung bei der Regeneration leisten können.

■ Teebaumöl ist juckreizstillend und leicht schmerzlindernd, was vor allen Dingen bei der Behandlung der Haut wichtig wird, ob es sich um Ausschlag, Insektenstiche oder Windpocken handelt.

■ Die enorme Lösungsfähigkeit des Teebaumöls hilft bei der Wundreinigung, da Schmutzpartikel und Fremdkörper ähnlich wie durch Alkohol, herausgeschwemmt werden.

Melaleuca alternifolia in der Aromatherapie

■ Ein Wort zum Thema Qualität

Das australische Arzneimittelgesetz legt zwar den Mindest- und Höchstgehalt der Indikatorsubstanzen 1,8 *Cineol* (max. 15 %) und *Terpinen-4-ol* (mind. 30 %) fest, der Verschnitt des reinen Teebaumöls mit dem anderer Sorten wird jedoch nicht ausdrücklich untersagt. Daher sollte sich jeder beim Kauf eines Teebaumöls vergewissern, daß es sich wirklich um das 100%ige naturbelassene, ätherische Öl von *Melaleuca alternifolia* handelt.

Die ATTIA, die australische Vereinigung der Teebaumöl-Erzeuger, hat für ihre Mitglieder eigene Richtlinien erarbeitet, um den Qualitätsstandard für *Melaleuca*-Öl so hoch wie möglich zu halten. Unter anderem sind die Mitglieder des Verbandes verpflichtet, ausschließlich Öl von *Melaleuca alternifolia* für ihre Teebaumöl-Produkte zu verwenden.

Bei einem qualitativ guten Aromaöl ist auf dem Etikett stets das Herkunftsland, der botanische Name, der zur Herstellung verwendete Pflanzenteil sowie die angewandte Gewinnungsmethode vermerkt.

Es gibt bereits viele ätherische Öle aus biologischem Anbau, was zusätzlich garantiert, daß das Öl frei von Pestiziden und unerwünschten chemischen Stoffen ist sowie ständigen Analysen unterliegt. Bei Teebaumölen dieser Qualität wird die Herkunft aus dem ökologischen Anbau explizit auf dem Etikett erwähnt. Diese Qualitätsöle sind in Naturkostläden und Apotheken erhältlich.

Kleine Geschichte der Aromatherapie

Die Geschichte der Aromatherapie beginnt mit der Geschichte der Menschheit. Wie archäologische Funde bestätigen, umgaben sich die Menschen schon in der Steinzeit überall auf der Welt mit aromatischen Heilkräutern. Sie verwendeten diese Pflanzen für Heil- oder religiöse Zwecke. Zwischen beiden Anwendungsformen wurde nicht scharf unterschieden.

Der nächste Schritt erfolgte, indem man begann, konzentrierte Extrakte aus Pflanzen und verschiedenen Pflanzenteilen zu gewinnen und diese Pflanzensäfte, Harze und Balsame in der Aromakunde einzusetzen.

Im Ägypten der Pharaonen spielten aromatische Heilpflanzen und die daraus gewonnenen kostbaren Essenzen eine wichtige Rolle. Mit Wohlgeruch und erlesenen Düften webten die alten Ägypter ein ätherisches Band zur göttlichen Reinheit und Kraft. Sie waren, wie keine Kultur nach ihnen getrieben von dem Streben nach Unsterblichkeit. Mit Hilfe der konservierenden Essenzen erhofften sie, die auflösenden Prozesse des Todes überwinden zu können. In den Gräbern finden sich noch heute die Reste von Kräutern, Harzen und Balsamen aus jener Zeit, die sich im trocken-heißen Klima der Nilregion über die Jahrtausende erhalten haben.

Nach Europa drang die Kunde der reinen Essenzen erst im 11. Jh. n. Chr. durch die Heimkehrer der Kreuzzüge. Arabische Ärzte, wie der berühmte Avicenna, hatten bereits reichhaltige Erfahrung und Wissen um die Gewinnung pflanzlicher Elixiere. Dieser Einblick in die medizinische Wirkung der ätherischen Öle beflügelte in Europa die Alchimisten auf ihrer Suche nach der Quintessenz. Sonst fanden die Kenntnisse im klerikal beherrschten Mittelalter aber wenig Anklang. Was blieb, war der Wohlgeruch, die Verwendung als Parfüm oder als Räuchermittel in der Kirche.

Durch die moderne Aromatherapie ist die medizinische Kraft der ätherischen Öle wiederentdeckt worden. Es wird nicht, wie bei der Pflanzenheilkunde, die ganze Pflanze verwendet, sondern mit der destillierten Essenz, dem Geist der Pflanze geheilt.

Anwendungsmethoden

Direkte Verwendung

Die Essenz von *Melaleuca alternifolia* ist eines der wenigen ätherischen Öle, die so hautfreundlich sind, daß sie rein und unverdünnt auf die Haut aufgetragen werden können. Bei Hautverletzungen, Verbrennungen oder Entzündungen können Sie das Öl direkt anwenden.

Melaleuca-öl bei der Inhalation

Inhalation ist ein bewährtes Mittel bei Erkältungen oder Stirnhöhlenvereiterungen oder einfach zur Verbesserung des Raumklimas:
Für unterwegs können Sie das *Melaleuca-Öl* direkt einatmen, indem Sie einige Tropfen auf ein Taschentuch geben und dieses beim Einatmen vor die Nase halten.
Abends können Sie einige Tropfen auf das Kopfkissen geben.
Ein Inhalationsdampfbad stellen Sie sich her mit einer Schüssel heißen Wassers, in das Sie einige Tropfen der Essenz gegeben haben.
Eine etwas sanfter wirkende Art der Inhalation erzielen Sie über die Raumbefeuchtung mit *Melaleuca alternifolia*. Wenn Sie das Öl in die Duftlampe oder einen Heizungsverdunster geben, wirkt die Essenz desinfizierend für die Luft im Zimmer.

Melaleuca-öl in Wickeln und Kompressen

Kompressen werden äußerlich und, je nach Verwendungszweck, entweder heiß oder kalt angewendet. Als Material für die Herstellung können Sie im allgemeinen einen Waschlappen oder ein Leinen- oder Baumwolltuch verwenden.
Der Wickel wird in kaltes oder heißes Wasser getaucht und anschließend mit einigen Tropfen Teebaumöl beträufelt. Kompressen wirken wesentlich durch ihren thermischen Ausgleich. Das heißt, eine kalte Kompresse wirkt solange, bis sie warm geworden ist und umgekehrt, ein heißer Wickel, bis er abgekühlt ist. Wechseln Sie dann die Kompresse aus.

Melaleuca-öl bei der Massage

Melaleuca alternifolia als ätherisches Öl wird über die Haut resorbiert. Diese Eigenschaft macht man sich unter anderem bei der Aromamassage zunutze. Dabei nimmt man je nach Ort und Zweck der Massage ein passendes fettes Öl als Grundlage (Oliven-, Mandel-, Weizenkeim-, etc.) und setzt das Teebaumöl zu. Bei den fetten Ölen sollten wir aber genauso auf Qualität schauen wie bei dem *Melaleuca*öl selbst. Qualitativ hochwertige Öle bekommen Sie in Naturkostläden, in der Apotheke oder in Reformhäusern.

Melaleuca-öl als Badezusatz

Melaleuca alternifolia als Zusatz für Bäder ist eine weitere effektive Methode der Behandlung mit dem australischen Teebaumöl. Ein Bad sollte mindestens 10 Minuten dauern. Das Wasser darf nie zu heiß sein, es sollte im Idealfall etwas über Körpertemperatur haben (40°C). Wenn Fenster und Türen geschlossen sind, erzielen Sie einen zusätzlichen klimatischen Effekt über das Einatmen der sich langsam in der Raumluft ausbreitenden Teebaumöl-Essenz.

Melaleuca-öl als Duftöl

Ätherische Öle wirken über den Geruchssinn unmittelbar auf das Gehirn und beeinflussen auf diesem Wege eine Vielzahl von psychischen, emotionalen und physischen Mechanismen, die unser Bewußtsein lenken.
Diese feinstoffliche Wirkung ätherischer Öle ist nur gegeben, wenn sie naturbelassen, ohne synthetische Anteile und nicht durch minderwertige Öle verfälscht sind.
Der Duft des *Melaleuca*öls, wirkt primär desinfizierend für die Raumluft und eignet sich daher besonders für Räume, in denen sich viele Menschen aufhalten oder für Krankenzimmer. Geben Sie einige Tropfen des Teebaumöls in die Duftlampe oder auf einen Duftstein, damit sich die Essenz in der Raumatmosphäre verteilen kann.
Das Teebaumöl riecht frisch-würzig, muskatartig mit einer Kampfernote und kräftig. Der Duft wird als leichte Basisnote eingeordnet. Seine Wirkung auf die Psyche und Seele wird als vitalisierend - anregendstärkend und regenerierend, konzentrationsfördernd, harmonisierend und ausgleichend eingestuft (Wolf, 1995).

Hinweise für die Verwendung

Die in diesem Buch gegebenen Hinweise und Angaben sind nicht als Diagnose- und Therapieanwendung im medizinischen Sinne zu verstehen. Es handelt sich um weiterführende Informationen für Interessierte. Diese sind kein Ersatz für therapeutische oder ärztliche Hilfe.

■ Teebaumöl darf nicht in Kontakt mit den Augen kommen, da es die Bindehäute reizt.

■ Vor einer ersten Behandlung mit der Essenz aus *Melaleuca alternifolia* sollten Sie einen Hauttest durchführen. Obwohl reines Teebaumöl wirklich zu den hautverträglichsten ätherischen Ölen überhaupt gehört, kann eine individuelle Überempfindlichkeit nie völlig ausgeschlossen werden. Dies gilt insbesondere dann, wenn Sie unter einer *Neurodermitis atopica* leiden, bzw. Allergien gegen andere ätherische Öle bereits festgestellt worden sind.

Geben Sie einige Tropfen des Teebaumöls auf die Innenseite des Unterarms und lassen Sie das Öl einige Stunden einwirken. Sollten hier Reizerscheinungen auftreten wie Rötung, Brennen oder Jucken, spülen Sie die Stelle mit viel kaltem Wasser ab. Bei einer solchen Reaktion sollten Sie das *Melaleuca*-Öl niemals unverdünnt verwenden!
Inzwischen ist bekannt, daß es hauptsächlich drei Bestandteile im Teebaumöl sind, die unter Umständen eine Hautirritation hervorrufen können: *d-Limonen, x-Terpinen* und *Aromadendren*.

■ Vergiftungserscheinungen können bei einer innerlichen Überdosierung des reinen Teebaumöls auftreten. Schwerwiegende Folgen sind hier bislang aber nicht bekannt geworden. Es kommt vor, daß Kinder von dem Öl trinken (s. Hinweise zur Aufbewahrung des Öls). Prägnantes Beispiel ist der Fall von zwei Kindern, die jeweils 25 ml des Öls tranken. Mit Ausnahme von Schläfrigkeit und leichtem Durchfall traten keine weiteren Symptome auf. Diese Symptome waren innerhalb eines Tages wieder verschwunden. Ein anderer Fall wird berichtet von einem zweijährigen Kind, das etwa 10 ml des Öls trank. Es traten Verwirrtheit und Schwindel auf. Zur Absorption wurde Aktivkohle gegeben. Die Symptome klangen auch hier über Nacht wieder ab.

Einen extremen Vorfall gab es, als ein Mann auf einmal eine halbe Tasse Teebaumöl trank und daraufhin für mehrere Stunden bewußtlos war. Teebaumöl sollte nicht unverdünnt, nicht in höheren Dosen und nicht über längere Zeiträume ohne ärztliche oder therapeutische Aufsicht eingenommen werden!

■ *Melaleuca*-Öl kann in den empfohlenen Mengen auch in der Schwangerschaft und Stillzeit angewendet werden. Bei Säuglingen und Kleinkindern sollte die Teebaum-Essenz nicht pur benutzt werden.

Außer den hier aufgeführten möglichen Überreaktionen aufgrund von allergischen Reaktionen oder Überdosierungen sind bisher keine Nebenwirkungen oder Wechselwirkungen des *Melaleuca*-Öls mit anderen Medikamenten bekannt.

Hinweise für die Aufbewahrung von *Melaleuca alternifolia*

■ Unverdünntes Teebaumöl ist in der Lage, dünnere Kunststoffe aufzulösen. Deshalb sollte man das Öl nur in Glasbehältern aufbewahren und den direkten Kontakt mit Kunststoffen, Lacken oder ähnlichem meiden.

■ Wie alle ätherischen Öle sollte *Melaleuca*-Öl luftdicht abgeschlossen, lichtgeschützt und kühl gelagert werden. Bei sachgerechter Lagerung ist es ungeöffnet drei bis vier Jahre haltbar. Nach Öffnung der Flasche sollte diese innerhalb eines Jahres aufgebraucht werden.

■ Bewahren Sie das Öl außer Reichweite von Kindern auf! Lassen Sie Kinder bei einer Anwendung des Teebaumöls (zum Beispiel Inhalation) nie unbeaufsichtigt!

■ Teebaumöl entzündet sich bei ca. 140°C. Im Normalfall werden solche Temperaturen im Haushalt nicht erreicht. Vermeiden Sie auf jeden Fall den Kontakt des Öls mit offenem Feuer.

Teil III

Wo kann ich *Melaleuca alternifolia* anwenden?

DAS WEITE EINSATZFELD DES TEEBAUMÖLS

Anwendung beim Menschen

Kommen wir nun zur konkreten Anwendung des Teebaumöls beim Menschen. Inzwischen gibt es eine so große Bandbreite der Anwendungen des *Melaleuca*-Öls, daß es gar nicht einfach ist, eine Übersicht zu schaffen. Deshalb wurde dieses Kapitel in mehrere, in sich gegliederte Abschnitte aufgeteilt. Wir bewegen uns bei dem therapeutischen Spektrum von äußerlichen Anwendungen ins Innere des Körpers.

So steht die körperpflegende, kosmetische Wirkung des *Melaleuca*-Öls am Anfang, danach kommen die Haut betreffende Krankheiten, bevor es ins Körperinnere geht, wo schließlich durch Viren hervorgerufene Allgemeinerkrankungen des Körpers den Abschluß bilden.

Innerhalb der Abschnitte wurde versucht, noch einmal die Regionen des Körpers von Kopf bis Fuß zu durchschreiten.

MELALEUCA-ÖL IN DER KÖRPERPFLEGE

Teebaumöl eignet sich vor allen Dingen zur Pflege problematischer, unreiner, zu Pickeln neigender, großporiger und fetter Haut. Zum einen ist dabei natürlich seine stark antiseptische Wirksamkeit von Bedeutung, zum anderen zählt aber gerade hier seine hervorragende Hautverträglichkeit.
Dabei kommt seine Fähigkeit zum Tragen, tief in die Haut einzudringen, um dort die Ablösung abgestorbener Hautzellen zu beschleunigen und anregend auf das Zellwachstum zu wirken. Es ist ausgesprochen sanft zur Haut und wirkt nicht austrocknend, sondern eher feuchtigkeitsausgleichend.
Die Kosmetikindustrie ist die wertvollen Eigenschaften dieser natürlichen Wirksubstanz längst richtig erkannt. Es gibt inzwischen eine vielfältige Palette geeigneter Produkte zur allgemeinen Körperpflege.

■ Haare

Haarwäsche

Als häufiges Haarproblem begegnet uns leicht fettendes oder trockenes, sprödes Haar. Hier kann das Teebaumöl schonend regulieren. Die Trockenheit überwindet es durch seine leicht feuchtigkeitsspendenden Eigenschaften. Das Öl löst bestehende Verstopfungen der Ausgänge der fettproduzierenden Talgdrüsen an der Haarwurzel ebenso, wie es allmählich die Talgbildung sich auf ein gesundes Maß einpendeln läßt.

ANWENDUNG:

• Es gibt im Handel einige wirksame Shampoos auf Teebaumölbasis für die verschiedenen Haartypen. Selbst herstellbar ist ein *Melaleuca*-Öl-Shampoo durch die Zugabe von ca. 20 Tropfen auf je 100 ml Shampoo.

Schuppen

Schuppen sind ein lästiges und oftmals mit Juckreiz verbundenes Problem unserer Kopfhaut. Dabei sterben zu viele Zellen der obersten Hautschicht in einem zu kurzen Zeitraum ab und machen sich dann allzuoft als unerwünschtes Schneegestöber auf der Kleidung breit.

ANWENDUNG:

• Bei einer regelmäßigen Anwendung eines Shampoos mit Teebaumöl in Verbindung mit einem Haarwasser mit Teebaum- oder Birkenöl wird sich die Neubildung der Kopfhautzellen regulieren und die Schuppenbildung reduziert werden.

■ Mund

Auch bei Zahnärzten wird das *Melaleuca*-Öl immer beliebter. Gerade im Mundbereich ist es wichtig, Antiseptika zur Hand zu haben, die die empfindliche Schleimhaut nicht reizen oder gar schädigen. Hierfür ist das Teebaumöl geradezu ideal.
Es gibt bereits Zahnarztpraxen, die ihren gesamten Bedarf für die alltägliche Mundhygiene in der Praxis über das *Melaleuca*-Öl abdecken.

Plaque

Den französischen Begriff Plaque kennen viele vielleicht besser unter dem wohlbekannten Namen ‘Zahnbelag’. Wie wir aus den Fernsehwerbungen für Zahnpastas wissen, setzen sich nach den Mahlzeiten auf Speiseresten an der Zahnoberfläche, bevorzugt an den Zahnhälsen, verschiedene Bakterienarten fest. Wenn wir nichts dagegen tun, bilden diese Plaquestellen eine solide Basis für die Entstehung von Karies.
Auf die Hauptursache des häufigen Auftretens von Karies in unserer Gesellschaft, nämlich den übermäßigen Zuckerkonsum, kann im Rahmen dieses Ratgebers leider nicht weiter eingegangen werden. Der Genuß von Lebensmitteln, die raffinierten Zucker enthalten, ist aber, denke ich, den meisten Menschen als eigentlicher Grund für die Kariesbildung durchaus bekannt.
Hier soll es in erster Linie darum gehen, was wir im täglichen Leben tun können, um die Fäulnisbildung an unseren Zähnen zu verhindern. Ganz wichtig ist hier das mehrmalige tägliche Putzen der Zähne.

ANWENDUNG:

• Bei regelmäßiger Anwendung einer speziellen Zahncreme mit Teebaumöl oder der Zugabe von einem Tropfen *Melaleuca*-Öl auf die Zahnbürste verschwinden die Plaques. Hilfreich ist auch die mittlerweile angebotene Zahnseide mit *Melaleuca*-Öl.

Zahnfleischbluten

Zahnfleischblutungen sind häufige Begleiterscheinungen des Zähneputzens und oftmals ein Hinweis auf ein Parodontosegeschehen mit dem gefürchteten Zahnfleischrückgang. Zum Teil können die Ursachen hier in der Ernährung liegen, meistens spielen aber auch bakterielle Verunreinigungen eine wichtige Rolle.

ANWENDUNG:

• Der regelmäßige Gebrauch von Teebaumöl bei der Zahnpflege beugt der Entstehung von Zahnfleischbluten durch Parodontose vor.

Mundgeruch

Mundgeruch entsteht aus verschiedenen Gründen: Es kann einfach an dem liegen, was wir gerade gegessen oder getrunken haben, zum Beispiel Knoblauch, Bier oder Fisch. Hier gibt das Teebaumöl, als Mundwasser verwendet, dem Atem wieder eine tiefe Frische und läßt die körpereigene Mundflora aufleben.

ANWENDUNG:

• 5 - 10 Tropfen des Öls in ein Glas warmes Wasser geben. Damit dann gurgeln und den Rachen spülen.

• Die Mischung findet eine sehr gute Abrundung durch die Beimengung von 5 Tropfen ätherischen Thymian- oder Salbeiöls guter Qualität.

Im Körper können sich aber auch Gärungs- und Fäulnisprozesse abspielen, die dann der Grund für meist langanhaltenden Mundgeruch sind. Diese Art von Mundgeruch tritt sowohl bei mangelnder Mundhygiene, als auch bei eitrigen Entzündungen im Mundbereich auf, zum Beispiel in einem Zahn. Er kann aber auch von tieferen Bereichen im Körper herstammen, besonders Hals und Magen, und von dort heraufwehen. In diesen Fällen muß der Ursache des Mundgeruchs genauer nachgegangen werden.

Haut

Die vielfältige Einsetzbarkeit von *Melaleuca*-Öl wird wieder einmal deutlich, wenn man sich neuere Studien zu möglichen Einsatzfeldern des Öls betrachtet. Die Naturkosmetik-Industrie ist stets auf der Suche nach natürlichen Konservierungsmitteln, die die empfindlichen Kosmetika vor dem Verderben schützen. Auch hier scheint *Melaleuca*-Öl ein aussichtsreicher Kandidat als Mittel der Wahl.

Es stellte sich heraus, daß bereits der Zusatz von 0,5 % des Öls eine effektive Konservierung der getesteten Kosmetikartikel zur Folge hatte. In dieser Konzentration wirkt der vielleicht nicht immer erwünschte Duft des *Teebaum*-Öls nicht störend, bzw. kann leicht durch die übrigen Bestandteile des Produktes überlagert werden. Diese Art der Anwendung steht natürlich auch jedem offen, der Kosmetika für den Eigenbedarf selbst herstellt.

In vielen Produkten zur Hautpflege ist *Melaleuca*-Öl jedoch der Hauptwirkanteil, insbesondere was seinen erfreulichen Einfluß auf die Reinigung und Gesunderhaltung der Haut betrifft.

In Sydney wurde vor einigen Jahren das *Melaleuca*-Öl bereits erfolgreich bei der Hauptpflege in der Geriatrie getestet. Gerade die Haut von alten Menschen, die oft trocken und empfindlich wird, sprach sehr positiv auf das Teebaumöl an. Innerhalb von drei Wochen zeigten die behandelten Hautflächen eine deutlich weichere Konsistenz auf, und kleinere Risse heilten narbenfrei ab.

Pickel und Akne

Eine lästige Erscheinung im Leben vieler Teenager ist das beständige und meistens vollkommen unpassende Auftreten von Pickeln besonders im Gesicht, auf Nacken, Brust oder Rücken. Dabei neigt die Haut zu starker Verhornung im Bereich der Haarwurzel, was die Verstopfung der Talgausgänge und damit verbunden oftmals entzündliche Pickel hervorruft.

Anscheinend spielt der sich verändernde Hormonpegel in der Pubertät hier eine große Rolle, insbesondere die in beiden Geschlechtern vorkommenden männlichen Androgene regen die Talgproduktion der Haut an. Meistens verschwinden die Pickel von allein beim Heranreifen des jungen Erwachsenen, manchmal bleibt die Haut aber weiterhin problematisch.

Bei vielen Menschen treten auch noch im Erwachsenenalter zeitweise oder regelmäßig Pickel auf, meistens im Wirkkreis von Streß, falscher Ernährung oder Hormoneinflüssen (bei Frauen vor der Periode oder in der Menopause). Die Veranlagung zu unreiner, fettiger Haut kann auch erblich bedingt sein.

Auf jeden Fall wird deutlich, daß das Auftreten der Akne nicht nur auf eine einzelne Ursache zurückzuführen ist. Genausowenig läßt sich diese Hauterscheinung ab einem gewissen Schweregrad mit einem einzelnen Mittel heilen.

Als Betroffene/r sollte man aber die Möglichkeiten ausschöpfen, die einem die Selbsthilfe zur Hand gibt. Neben einer ausgeglichenen Lebensführung und einer sinnvollen Ernährung, auf die im Rahmen dieses Buches zwar eindringlich hingewiesen, aber nicht näher eingegangen werden kann, steht die verantwortungsvolle Pflege und Reinigung der betroffenen Hautpartien. Hier zeigt das *Melaleuca*-Öl einmal mehr seine Stärke als schonende Pflegesubstanz für die Haut einerseits und als kraftvolle medizinisch wirksame Essenz für antibakterielle Reinigung entzündeter Hautstellen andererseits.

Akne-Studien

Zur Erforschung der Wirkung von Teebaumöl bei Akne sind in den vergangenen Jahren mehrere unabhängige Untersuchungen angestellt worden. Die bekannteste ist die von Bassett (1990). Er verglich das Teebaumöl mit Benzoylperoxidlösung, einer gängigen Substanz zur Behandlung von Akne.
Beide Lösungen wurden 5 %ig angewendet. 58 Patienten behandelten ihre Akne mit Teebaumöl und 61 Patienten trugen die Benzoylperoxidlösung auf, insgesamt 3 Monate lang.
Die Ergebnisse zeigten, daß durch beide Behandlungsmethoden der Zustand der entzündeten Hautpartien nachweislich verbessert wurde. Die stärkere Verbesserung konnte in der Benzoylperoxidgruppe beobachtet werden. Dafür traten bei 79 % der Patienten dieser Gruppe Nebenwirkungen auf, wie Brennen und Spannungsgefühl der Haut, während dies nur bei 44 % der Teebaumölgruppe der Fall war.
Anzumerken sei an dieser Stelle noch, daß mit 5 %iger Teebaumöl-Lösung eine relativ niedrige Konzentration verwendet wurde. Dies geschah, um beide Stoffe direkt vergleichen zu können. Der Vorteil des Teebaumöls ist, daß die Konzentration durchaus noch erhöht werden kann, wodurch sich seine Wirkung noch steigern läßt, die Nebenwirkungen aber nicht unbedingt stärker werden müssen.

ANWENDUNG:

- Hautreinigung mit Teebaumölseife (2% Teebaumöl-Anteil)
- Akut entzündete Pickel: Pures *Melaleuca*-Öl auf ein Wattestäbchen oder bei größeren Stellen auf einen Wattebausch geben und die betroffenen Stelle/n 2x täglich betupfen.
- Allgemeine Pflege mit einer nichtfettenden antiseptischen Teebaumöl Creme (5 % *Melaleuca*-Öl-Anteil), die von einigen Herstellern angeboten wird.
- Praktisch sind die inzwischen angebotenen Pickelstifte mit Teebaumöl, da sie für unterwegs schnell zur Hand sind.

Rissige Haut/Lippen

Der Winter ist die Jahreszeit, die in unseren Breitengraden neben der Kälte am meisten durch das Auftreten von Trockenheit geprägt wird. Viele Pflanzen vertrocknen im Winter schneller, als daß sie erfrieren würden. Die klimatisch bedingte Trockenheit erfahren wir zuallererst über die oft sehr trockene Raumluft, die sich durch das Beheizen der Gebäude ergibt oder aber durch die trocken-kalte Luft, die uns vor der Haustür empfängt. Lippen und Hände sind von der Trockenheit besonders betroffen.

Manchmal geht es so weit, daß Risse entstehen, die sehr schmerzhaft sein können. Häufig reissen zum Beispiel die Mundwinkel ein, was auch als Schrunden- oder Rhagadenbildung bezeichnet wird.

<u>ANWENDUNG:</u>

• Für die Lippen werden teebaumölhaltige fettende Pflegestifte im Handel angeboten.

• Für die sonstige Körperhaut empfiehlt es sich, *Melaleuca*-Öl mit einem geeigneten Basisöl (Weizenkeimöl, Hagebuttensamenöl (*Rosa Mosquetaöl*)) zu mischen.

• 5 Tropfen *Teebaum*-Öl auf ca. 1 Teelöffel des Öls geben. Sie können noch 5 Tropfen Lavendelöl hinzufügen.

Hornhaut

<u>ANWENDUNG:</u>

• Dadurch daß das Teebaumöl tief in die Haut einzuziehen vermag, kann man verhornte Stellen nach einem Fußbad mit dem reinen Öl bestreichen und dieses in Ruhe einziehen lassen. Zusätzlich sollte man die betroffenen Regionen regelmäßig mit einer *Melaleuca*-Öl-haltigen Creme massieren.

Hühnerauge / Clavus

Eine spezielle Form der Hornhautbildung ist das Hühnerauge, welches sich an Stellen bildet, die ständigem Druck ausgesetzt sind. In erster Linie sind zu enge Schuhe der Grund oder, wie zum Beispiel bei Tänzerinnen des klassischen Balletts, die stetig wiederholte Belastung immer der gleichen Stellen an den Zehen.

ANWENDUNG:

• Hier hilft es, die Füße so oft als möglich in einem Teebaumölbad zu baden und anschließend den Bereich des Hühnerauges mit einer Mischung von 3 Tropfen *Melaleuca*-Öl auf einen Teelöffel Arnikaöl zu massieren.

Schweißfüße

Ob man Schweißfüße hat oder nicht, hängt zum Beispiel vom getragenen Schuhwerk ab. Gummistiefel oder gut isolierte Turnschuhe wirken quasi als Brutkästen für unsere Füße. Eine ähnlich durchschlagende Wirkung zeigen Socken oder Strümpfe aus synthetischen Materialien. Bei vielen Menschen liegt die Ursache des Fußschweißes tief in den Stoffwechselvorgängen des Körpers begründet, und der Schweiß ist deshalb nicht über äußerliche Anwendungen zu beseitigen. Über das Schwitzen hat der Körper die Möglichkeit, Gift- und Abfallstoffe auszuscheiden. Schlechtestenfalls ist er durch Antitranspirante unterdrückbar, was bildlich gesprochen zu einem Rückstau im Körper führt, der wiederum zu unangenehmen Erscheinungen an ganz anderen unerwarteten Stellen im Organismus führen kann. Hier ist wieder eine ganzheitliche Betrachtung des jeweiligen Menschen angebracht, um der Ursache eventuell nachspüren zu können.
Wogegen wir sehr wohl mit dem Teebaumöl eine hervorragende Handhabe haben, ist die typische Geruchsentwicklung, die mit der Schweißbildung oft einhergeht. Es sind bestimmte Bakterienarten, die sich im Milieu eines schweißgebadeten Fußes besonders wohl fühlen und die für die Entstehung des charakteristischen 'Käsefuß-Geruches' sorgen.

ANWENDUNG:

• Geben Sie 5 - 10 Tropfen *Melaleuca*-Öl regelmäßig in ein Fußbad und massieren anschließend die Füße mit einer antiseptischen Teebaumöl Creme ein. Bei Bedarf kann auch einmal das pure Öl auf die Fußsohlen eingerieben werden. Die desodorierende Wirkung des Teebaumöls ist wirklich überzeugend.

MELALEUCA-ÖL BEI PARASITEN UND BLUTSAUGERN

■ Stechmücken

Die feuchte Hitze des Sommers beschert uns oft ganze Myriaden an summend-saugenden Plagegeistern. Es ist ein günstiges Zusammentreffen, daß der Teebaum als Sumpfgewächs eine spezifische Wirkung gegen Insekten aufweist.

ANWENDUNG ZU HAUSE:

• Hier haben wir mehrere Möglichkeiten der Anwendung des „Grünen Goldes vom fünften Kontinent". Oft genügt schon die Bedampfung eines Raumes mit *Melaleuca*-Öl in der Duftlampe, evtl. gepaart mit einem Zitrusduft, um Stechmücken den Zugang zu erschweren. Sehr hilfreich kann auch ein frischgepflückter "Strauß" mit grünen Walnußblättern sein.

Etwas direkter müssen wir draußen im Gelände werden, besonders in der Nähe von stehenden Gewässern oder bei Wanderungen durch insektenreiche Gebiete. Sehr extreme Erfahrungen zu diesem Thema lassen sich zum Beispiel in Finnland sammeln, wie ich mir kürzlich von einer Kollegin berichten ließ.

ANWENDUNG IM GELÄNDE:

• Da hilft es nur, möglichst keine kurze Kleidung zu tragen und die verbleibenden unbedeckten Körperpartien lückenlos mit reinem *Melaleuca*-Öl einzureiben. Hier gibt es inzwischen bereits auch Teebaum-Öl-haltige Insektenschutzmittel auf dem Markt.

Insektenbisse oder -stiche

ANWENDUNG:

• Sollten Sie gestochen worden sein, so empfiehlt es sich, *Melaleuca*-Öl pur auf den Stich aufzutragen. Das Teebaumöl wirkt kühlend, und es nimmt ausgezeichnet den Juckreiz von der betroffenen Stelle.

Läuse

Die bis 3 mm großen blaßgrauen, flügellosen Insekten (*Pediculus captis*) befallen besonders in der warmen Jahreszeit immer wieder Kindergarten- und Schulkinder. Da sie sich durch den direkten Kontakt leicht übertragen, können sie zu einem langwierigen Problem werden.
Jedes der Weibchen legt etwa 200 Eier, die sogenannten Nissen, die sie geschickt nahe der Kopfhaut an den Haaren befestigt, um somit deren optimale Entwicklungstemperatur zu gewährleisten. So bleiben die Eier oft auch in Kämmen und Bürsten hängen, womit sie dann einen weiteren Weg der Verbreitung finden.

ANWENDUNG:

• Die Utensilien im Umgang mit den Haaren sollten mit reinem *Melaleuca*-Öl desinfiziert werden.

• Für die Haarwäsche kann auf teebaumöl-haltiges Shampoo zurückgegriffen werden, das bei jeder Wäsche mindestens zehn Minuten einwirken sollte.

• Der Juckreiz wird mit der Verwendung des Teebaumöl-Shampoos ebenfalls gemindert.

Krätze / Skabies

Die Krätze wird durch die Krätzmilben (*Acarus scabies*) hervorgerufen. Die Tiere bohren sich in die Haut, wo zumindest die Weibchen dann typische, oftmals von außen sichtbare Gänge zu ihren Eigelegen anlegen und dadurch starken Juckreiz und Entzündungen hervorrufen. Durch Kontakt mit infizierten Personen oder Kleidern etc. sind die Parasiten leicht übertragbar.
Am stärksten betroffen ist der Bereich von Fingern und Händen, aber auch die Achselhöhlen, Brust und Penis werden schnell befallen.
Um die Verbreitung der Milben einzudämmen, sollten Bettwäsche und Kleider oft gewechselt werden. Möglichst nur Kochwäsche verwenden.

ANWENDUNG:
- Beim Waschen Seife auf Teebaumölbasis verwenden.
- Entzündete Stellen mit dem reinen *Melaleuca*-Öl abtupfen.
- Die betroffenen Areale sollten Sie nach dem Waschen mit einer antiseptischen Teebaumöl-Creme einreiben.

■ Zecken

Die wichtigste Gattung der Zecken in Mitteleuropa sind die der Ixodes, bei uns häufig auch „Holzbock" (*Ixodes ricinus*) genannt. Die Tiere machen einen langen Entwicklungszyklus mit, in dessen Verlauf sie sich immer wieder zum Blutsaugen an Warmblüter heften. Während sie auf den nächsten Wirt warten, können sie monatelang regungslos auf einer Pflanze auf der Lauer liegen, bis ihnen von irgendwoher der durch die Luft antransportierte Geruch von Buttersäure die Nähe eines Tieres oder Menschen ankündigt. Mit dem Empfang des Duftsignals setzen Zecken, die ansonsten recht taub und blind sind, alles auf eine Karte, lassen sich einfach fallen und krallen sich fest.

Auf der Haut entdeckt man die Tiere oftmals erst, wenn sie sich bereits an einer Stelle festgebissen und ihren Hinterleib mit Blut vollgesaugt haben.

Die Gefährlichkeit der Zecken liegt in der Übertragung von verschiedenen ernsten Erkrankungen wie der Lyme-Borreliose oder Meningitis (Hirnhautentzündung).

ANWENDUNG:
- Es ist wichtig, die Zecken restlos zu entfernen und die Bißstellen sorgsam zu desinfizieren.
- Wenn man den Tierkörper und die nähere Umgebung mit purem *Melaleuca*-Öl bestreicht, fällt die Zecke entweder nach einer Viertelstunde von allein ab oder man kann sie mit der Hand oder besser noch mit einer speziellen Zeckenpinzette vorsichtig entfernen.
- Danach die betroffene Stelle noch einige Tage lang mit *Melaleuca*-Öl betupfen, um eine Entzündung zu vermeiden.

VERLETZUNGEN

■ Hämatome, Prellungen und Quetschungen

Sich irgendwo zu stoßen und blaue Flecken davontragen, ist eigentlich die häufigste Art der mechanischen Verletzung.
Dank der Eigenschaft des Teebaumöls, tief in Haut und Zellen einzudringen und dabei die Regeneration des Gewebes zu fördern, ist es sinnvoll, die betroffenen Stellen mit einem durchblutungsfördernden Öl einzumassieren. Sehr hilfreich ist hier auch ein altbewährtes Mittel unserer westlichen Pflanzenmedizin, die Arnikablüte.

ANWENDUNG:

• Eine Mischung von Arnikaöl, das als Mazerat (Ölauszug) im Handel erhältlich ist, mit dem Teebaumöl im Verhältnis 10:1 erfrischt die betroffenen Stellen und treibt den regenerierenden Blutstrom an. Auch leichtere Quetschungen lassen sich so behandeln.

■ Verstauchungen

Verstauchungen sind oft die Folge von Sportunfällen, ob man zum Beispiel unglücklich auf eine Hand fällt und dabei das Gelenk überdehnt oder einfach mit dem Fuß umknickt. Die Überdehnung der betroffenen Bänder zieht Schmerzen und Schwellungen des Gelenkes nach sich.

ANWENDUNG:

• Die Folgen der Verstauchung lassen sich mit Teebaumöl lindern, indem man regelmäßig etwas *Melaleuca*-Öl, gemischt mit Arnikaöl, auf das jeweilige Gelenk einmassiert.

■ Wundreiben / Intertrigo

In der Behandlung dieser Hauterscheinung, die immer dort auftreten kann, wo es zum Aufscheuern der Haut kommt, konnte ich mit *Melaleuca*-Öl gute Erfahrungen machen. Meistens sind es Nähte an Kleidungsstücken, die dafür verantwortlich sind, manchmal tritt ein Intertrigo auch bei adipösen Menschen in verschiedenen Hautfalten (zum Beispiel unter den Brüsten, Analfalte) auf.
Die betroffenen Stellen werden schnell von Bakterien oder Pilzen befallen, denen durch die Anwendung des *Melaleuca*-Öls der Nährboden entzogen wird.

ANWENDUNG:

• Bei akutem Brennen und Jucken das Öl mit einem Wattebausch pur in die betroffene Hautzone einreiben. Ansonsten prophylaktisch 1x wöchentlich gefährdete Hautbezirke mit der antiseptischen Teebaumöl-Creme einreiben.

■ Wundliegen / Dekubitus

Ein Dekubitus entsteht, wenn Hautgewebe über einen längeren Zeitraum zusammengedrückt wird und dadurch ständig eine Mangeldurchblutung erleidet. Dies kann bei Bettlägerigkeit der Fall sein, aber auch bei Gipsverbänden vorkommen. Je nach Schweregrad kommt es zu einer einfachen Rötung bis hin zu tiefen, offenen Wunden. *Melaleuca*-Öl kann hier sehr wertvoll sein, die Wunde vor Entzündungen zu schützen und deren Abheilung zu fördern.

Als Vorbeugung des Wundliegens gilt die regelmäßige Lageänderung des Kranken. Wichtig ist aber auch eine Durchblutungsförderung der gefährdeten, noch nicht offenen Stellen.

ANWENDUNG:

• Regelmäßige Massage mit Hagebuttenöl (*Rosa Mosqueta*), dem 2-3 Tropfen Teebaumöl hinzugefügt werden, wirkt der Gefahr eines Dekubitus entgegen.

■ Schürf- und Schnittwunden

Bei kleineren Schürf- oder Schnittwunden sollte *Melaleuca*-Öl als Desinfektionsmittel immer parat sein.

ANWENDUNG:

• Pur auftragen!

Das Öl desinfiziert nicht nur hervorragend, sondern hilft auch die Wunde von Fremdkörpern zu reinigen sowie den Wundschluß und die Schorfbildung zu fördern, ohne daß wir, besonders bei Kindern, ein „Achtung, gleich brennt's!“ aussprechen müßten.

■ Splitter

Bei Splitterverletzungen der Haut ist es oftmals schwierig, den Fremdkörper vollständig aus der Wunde zu entfernen. Außerdem wird die Wunde leicht durch mit eindringende Schmutzpartikel verunreinigt. Dadurch entzündet sich eine solche Verletzung leicht.

ANWENDUNG:
• Das *Melaleuca*-Öl, pur aufgetupft, wirkt antibakteriell und kann Entzündungen verhindern.

Ist die Stelle bereits vereitert, so kann es sein, daß noch ein Rest des Fremdkörpers in der Wunde zurückgeblieben ist, die der Körper nun mit Hilfe der Eiterbildung herauszutreiben versucht. Hier muß man noch einmal genau nachsehen, ob auch alle Teile entfernt sind, nachdem die Haut vorsichtig mit dem *Melaleuca*-Öl gereinigt worden ist.

EITRIGE ENTZÜNDUNGEN DER HAUT

Das einzigartige Stoffgemisch des Teebaumöls ist der Grund für die enorme Bandbreite seines Wirkspektrums. Einen Ausschnitt seiner Fähigkeiten repräsentiert seine entzündungshemmende und eitereindämmende Wirkung. Viele eiterbildende Spezies der folgenden Bakteriengattungen werden von dem Teebaumöl in Schach gehalten:
Staphylococcus, Streptococcus, Pseudomonas, Proteus, Eschericha und *Klebsiella*. Ebenso effektiv wirkt das Teebaumöl von *Melaleuca alternifolia* in die Richtung von entzündungsauslösenden Pilzen.

■ Gerstenkorn / Hordeolum

Gerstenkörner bilden sich als Abzesse der Drüsen am Augenlid. Die Verursacher der Entzündung sind meist *Staphylokokken*, gegen die das Teebaumöl große Wirksamkeit zeigt.
In diesem Fall gibt es nur das spezielle Problem, daß *Melaleuca*-Öl im Bereich der Augen niemals pur angewendet werden darf. Trotz seiner sonstigen ungemein guten Hautverträglichkeit im Bereich der Haut und der Schleimhäute, wird die empfindliche Bindehaut der Augen durch das reine Öl gereizt.

ANWENDUNG:

• Wir können hier durch einen Mittler ans Ziel kommen, indem wir das Öl in Form eines Gesichtsdampfbades zum Auge transportieren.

• Geben Sie 5 Tropfen *Melaleuca*-Öl in eine Schüssel mit kochend heißem Wasser. Legen Sie ein Tuch über den Kopf und lassen Sie bei geschlossenen Augen (!) 10 Minuten lang die heilenden Duftströme auf die Augen einwirken.

• Diese Prozedur an mehreren Tagen hintereinander wiederholen.

■ Eiterflechte / Impetigo

Impetigo contagiosa wird durch Bakterien der Gattungen *Staphylococcus* und *Streptococcus* ausgelöst. Die Krankheit tritt hauptsächlich bei Kindern auf und ist sehr ansteckend. Dabei bilden sich im Gesicht und am Kopf viele kleine Eiterbläschen, die später in gelb-braune Krusten übergehen.
Das *Melaleuca*-Öl kann hier wertvolle Dienste leisten, um die Pusteln zu einem schnellen Abheilen zu bringen und die Erreger der Grindflechte zu bekämpfen.

ANWENDUNG:
• Als Badezusatz können Sie 10 Tropfen Teebaumöl verwenden, um die Krusten aufzuweichen und anschließend entfernen zu können.
• Das Öl wird morgens und abends vorsichtig auf die betroffenen Hautpartien aufgetragen.
• Zusätzlich kann eine nichtfettende antiseptische Teebaumöl-Creme eingesetzt werden.

■ Pickel

⇒Akne bei Haut- und Körperpflege!

ANWENDUNG:
• Bei der Reinigung der Haut sollte man eine teebaumölhaltige Seife verwenden.
• Den Bereich des Pickels mindestens 2x am Tag mit puren *Melaleuca*-Öl auf einem Wattestäbchen abtupfen.

Eitrige Wunden

Bei oberflächlichen Schürfwunden oder anderen mechanischen Verletzungen der Haut entstehen Öffnungen für Keime, die so die Hautschutzschranke leicht überwinden können. Es tritt schnell eine Eiterbildung ein, wenn die Wunde nicht genügend gereinigt und desinfiziert worden ist. Die Auslöser sind meistens Bakterien der Gattungen *Staphylococcus* und *Streptococcus*. Das Teebaumöl kann hier aber, richtig angewendet, schnell Abhilfe schaffen.

ANWENDUNG:

- Waschen Sie die Wunde mit heißem Wasser und einem Waschlappen, auf den Sie 10 Tropfen Teebaumöl gegeben haben.
- Danach behandeln Sie die betroffene Stelle mit einer antiseptischen Teebaumöl-Creme.
- Größere Flächen decken Sie für 1-2 Stunden mit Mullgewebe ab, das Sie vorher mit der antiseptischen Creme bestrichen haben.

Das mit dem Teebaumöl behandelte Gewebe wird sich schnell erholen, da das *Melaleuca*-Öl nicht nur die Bakterien bekämpft, sondern auch die Regeneration der Haut fördert. In der Regel sollte nach einigen Tagen die Sache bereits vergessen sein. Anderenfalls sollten Sie Ihren Arzt konsultieren.

Abzesse

Abzesse treten oft sekundär nach Verletzungen auf. Sie zeichnen sich dadurch aus, daß sie mitten in allen Hautgeweben auftreten können, ohne einen Verbindungskanal zur Oberfläche. Deshalb wird es nicht selten notwendig, den Herd durch Inzision zu öffnen, sprich: aufzuschneiden. Dieser Schritt kann unter Umständen durch die Anwendung des Teebaumöls überflüssig werden.

ANWENDUNG:

- Wenn sich die Bildung eines Abzesses ankündigt, tragen Sie das *Melaleuca*-Öl mehrmals täglich auf.
- Geben Sie 10 Tropfen *Melaleuca*-Öl ins Badewasser.
- Bedecken Sie den Abzeß über Nacht mit einer mit nichtfettender antiseptischer Teebaumöl-Creme bestrichenen, Mullkompresse.

■ Furunkel, Karbunkel

Furunkel entstehen dann, wenn sich die Umgebung der Talgdrüse am Haaransatz eines Körperhaares entzündet. Es bildet sich ein dicker, roter Knoten, der sehr schmerzhaft ist. Die Entzündung wird durch *Staphylococcus aureus* ausgelöst. In manchen Bereichen, besonders Nacken und Schultern, können sich auch mehrere Furunkel nebeneinander bilden und zusammenlaufen. Dann spricht man von einem Karbunkel. Dies stellt eine Verschlimmerung dar, die in ärztliche Obhut gehört.

ANWENDUNG:

- Zur Behandlung eines Furunkels gehen Sie vor, wie bei einem ⇒Abzeß.
- *Melaleuca alternifolia* kann die Reifung des Furunkels beschleunigen, wenn Sie 2x am Tag 5 Tropfen *Melaleuca*-Öl auftragen und anschließend einen kleinen Wattebausch darüber mit Heftpflaster fixieren.
- Furunkel dürfen nicht aufgedrückt werden!

Als Tip: Wer zur Furunkelbildung neigt, sollte sich in diesem Zusammenhang mit seinen Ernährungsgewohnheiten und seiner Belastung durch Streß einmal genauer auseinandersetzen!

■ Umlauf und Panaritium

Diese Art der Entzündung entsteht oft im Bereich des Finger- oder Fußnagels, weshalb auch von Nagelfalzentzündung oder Nagelgeschwür gesprochen wird. Auslöser sind meist verschiedene Bakterien oder auch Pilze, es liegt dann eine sogenannte Mischinfektion vor. Glücklicherweise ist Teebaumöl in der Lage, sich auch einer aus verschiedenen Arten zusammengesetzten Erregergruppe entgegenzustellen. Auf diese Weise können der Verlust des Nagels oder tiefergreifende Maßnahmen wie Drainagelegung und Aufschneiden des Bereiches oftmals vermieden werden.

ANWENDUNG:

- Bei der Behandlung können Sie vorgehen wie bei einem ⇒Abzeß. Jedoch wird die Dauer der Behandlung längere Zeit in Anspruch nehmen, da die Problematik durchaus chronisch sein kann.

ANDERE HAUTPROBLEME

■ Verbrennungen, Sonnenbrand

Als Erste-Hilfe bei leichten VERBRENNUNGEN ist *Melaleuca*-Öl sehr zu empfehlen. Es wirkt kühlend auf die tangierten Hautbezirke, nimmt die Rötung, verhindert Blasenbildung und Entzündungen.

ANWENDUNG:

• Erst die Stellen einige Minuten mit kaltem Wasser überlaufen lassen, dann das Teebaumöl pur auftragen.

• Die Stelle noch einige Tage mit dem Öl einreiben bis zum Abheilen.

SONNENBRAND ist eine spezielle Form der Verbrennung durch zu langes Liegen auf der Sonnenbank oder zu langen Aufenthalt im Schein der Sonne, ohne sich gegen die ultraviolette Strahlung zu schützen. In den letzten Jahren, mit abnehmender Konzentration des bislang schützenden Ozongürtels der Erde, müssen wir uns daran gewöhnen, besser auf unsere Haut aufzupassen, wenn wir uns draußen bewegen.
Vom australischen Markt her, wo man mit der ozoninduzierten verstärkten Sonneneinstrahlung bereits längere Erfahrung hat als bei uns in Mitteleuropa, werden inzwischen einige Sonnenschutzcremes mit Teebaumöl angeboten, Sonnenschutzfaktor 15. Beim Sonnenbaden ist die vorbeugende sorgsame Vorbereitung der Haut in jedem Fall ratsamer als hinterher die Folgen zu versorgen.

■ Blasen

Mit der Bildung von Brandblasen geht eine Verbrennung in den zweiten Schweregrad über. Auch wenn bereits Brandblasen entstanden sind, bevor Sie mit dem Teebaumöl zur Stelle sind, kann das Öl die Folgen der Verbrennung noch lindern. Die Blasen ziehen sich erfahrungsgemäß schnell zurück und heilen gut ab.
Wenn größere zusammenhängende Hautareale von der Blasenbildung betroffen sind, zum Beispiel der ganze Rücken oder ein ganzes Bein, ist eine Selbstbehandlung nicht mehr ratsam. Hier ist ärztliche Hilfe erforderlich. Nichtsdestotrotz kann hier das Teebaumöl in der Nachversorgung noch gute Dienste leisten.

■ Frostbeulen / Perniones

Frostbeulen sind in unseren Breitengraden eine relativ seltene Erscheinung, kommen aber bei einigen Berufsgruppen immer wieder vor. Sie prägen sich etwa markstückgroße, bläuliche Hautflecken aus, die, wenn sie erwärmt werden, jucken und brennen. Es ist wichtig, die mangelnde Blutversorgung dieser Bereiche wieder zu verbessern.

ANWENDUNG:

- Massieren Sie deshalb regelmäßig 5 Tropfen Teebaumöl auf ca. einen Eßlöffel Weizenkeimöl in die Frostbeulen ein.
- Dazu können Sie noch 2 Tropfen Kampher-Öl geben. Dieses regt die Durchblutung der betroffenen Bereiche wieder an.

WARZEN / VERRUCA

Warzen werden durch Viren verursacht und sind dann ansteckend, wenn die Warzen zum Beispiel durch Aufkratzen, geöffnet werden und man mit dem infektiösen Material in Verbindung kommt. Hier kommt die Stärke des *Melaleuca*-Öls zur Geltung, daß es nicht nur gegen Bakterien und Pilze, sondern auch gegen Viren wirkt.
Um Warzen zum Verschwinden zu bringen, sollte man sich etwas Zeit lassen. Meist geht es nicht von heute auf morgen.

ANWENDUNG:

• Tupfen Sie jeden Abend vor dem Zubettgehen etwas von dem Teebaumöl auf die betroffenen Areale.

• Beobachten Sie das ganze einen Monat lang, um zu sehen, wie die Warzen reagieren.

TEST!

Geben Sie einen Tropfen des Öls auf die Innenseite des Unterarms. Kleben Sie ein Pflaster darauf. Lassen Sie das Öl 24 Stunden einwirken. Es sind kaum Unverträglichkeiten des *Melaleuca*-Öls bekannt (s. Kap.: Hinweise zur Anwendung von *Melaleuca alternifolia*). Sollten trotzdem deutliche Hautreaktionen auftreten, verwenden Sie das Öl bitte niemals pur!

Beim Kauf von *Melaleuca*-Öl sollten Sie darauf achten, reines, qualitativ hochwertiges Öl, wenn möglich, aus biologischem Anbau, auszuwählen.

ALLERGISCHE HAUTERSCHEINUNGEN

Allergiker neigen dazu, auf äußere Einflüsse oder Substanzen überempfindlich zu reagieren. Deswegen sollten Sie vor der direkten Benutzung des Teebaumöls unbedingt einen Verträglichkeitstest auf einer kleinen Hautstelle machen!

■ Kontakturtikaria durch Pflanzen

Die Berührung von manchen Pflanzen kann für unsere Haut recht unangenehme Folgen haben. Diese Vorgänge sind keine Allergie im eigentlichen Sinne, lediglich die Hautreaktion ähnelt der bei bestimmen Allergieformen. Jeder kennt die heimische Brennessel (*Urticaria spec.*) und kennt die typischen Erscheinungen, die entstehen, wenn man sich in die Nesseln setzt. Die Erscheinungen auf der Haut stehen denen der echten Nesselsucht wenig nach.

Andere Pflanzen lassen durch bestimmte Inhaltsstoffe die UV-Beständigkeit der Haut zurückgehen und es kommt an den Kontaktstellen schnell zu Sonnenbrand. Ein bekanntes Beispiel ist hier der Riesenbärenklau (*Heracleum gigantea*), woran sich Kinder nach dem Spielen mit den Blättern der Pflanze schon so große Hautflächen verbrannt haben, daß sie stationär behandelt werden mußten.
Bei kleineren Stellen lindert das *Melaleuca*-Öl Brennen und Juckreiz der Effloreszenzen schnell und schonend.

ANWENDUNG:
• Mischen Sie 5 Tropfen Teebaumöl mit etwas Olivenöl aus der Apotheke und tupfen Sie es mit einem Wattebausch auf die Rötung oder Schwellung.
• Später können Sie noch mehrmals mit der Teebaumöl-Antiseptikcreme darüber gehen.

Nesselsucht / Urtikaria

Namentlich der Brennessel verwandt, zeigt das Erscheinungsbild starke Ähnlichkeit zu der gleichnamigen Pflanze. Die Ursachen sind vielfältig und oft schwer nachvollziehbar, da die allergische Reaktion manchmal erst zeitversetzt eintritt.

ANWENDUNG:

• Bei der Behandlung der betroffenen Stellen können Sie vorgehen wie bei der ⇒Kontakturtikaria durch Pflanzen.

• Im allgemeinen besänftigt das *Melaleuca*-Öl den lodernden Ausdruck der Hautreaktion sehr anhaltend.

Sollte der ganze Körper von der Nesselsucht betroffen sein und Fieber auftreten, so gehört die Behandlung in fachkundige Hände.

Dermatitis / Ekzem

Ekzeme und Dermatiden sind die häufigsten Erkrankungen im Bereich der Epidermis, der äußeren Hautschichten. Starker Juckreiz, Brennen und Rötung meist scharf abgegrenzter Hautbezirke mit anschließender Krusten- und Schuppenbildung sind die typischen Symptome. Die auslösenden Faktoren sind mindestens so mannigfaltig wie die verschiedenen betroffenen Körperregionen und Arten der Ausprägung.
In diesem Wirrwarr der Ursachen kann das Teebaumöl als einzelne Substanz sehr hilfreich sein.
Ich kenne den Fall einer Kollegin, die ein jahrelang, mal mehr mal weniger ausgeprägt bestehendes, juckendes und schuppendes Ekzem darüber los wurde, daß sie sich - bezeichnenderweise auf einer Australienreise - täglich mit einer teebaumölhaltigen Sonnencreme einrieb. Die Abheilung des Ekzems war ein Nebeneffekt der Sonnenbrandprophylaxe. Sie bemerkte nach zwei Wochen, daß das Ekzem deutlich schwächer war als in den ganzen Jahren zuvor, in denen sie schon alles Mögliche ausprobiert hatte. Nach ihrer Rückkehr nach Deutschland führte sie deshalb die Behandlung noch einige Zeit fort. Die Juckflechte verschwand und ist bis heute, 1 ½ Jahre später, nicht wieder aufgetreten.

ANWENDUNG:

• Behandeln Sie betroffene Hautstellen mit einer antiseptischen teebaumölhaltigen Creme, die Sie täglich einmal auftragen.

■ Windeldermatose

Der Windelausschlag ist bei Babys ein häufig vorkommendes Problem. Rund um Po und Oberschenkel rötet sich die Haut, und es treten meist noch Schwellungen und manchmal Papeln auf. Hauptursache sind Plastikwindeln, die zu einem Wärmestau an der Körperhaut des Kindes führen. Hinzu kommt meist noch eine Reaktion auf bestimmte alkalische Stoffe, wie sie im Harn zu finden sind oder bei Durchfall entstehen.
Zum einen empfiehlt es sich, möglichst Textilwindeln zu verwenden und so viel Luft wie möglich an die Haut des Babys zu lassen.
Zum anderen zeigt das Teebaumöl aber gerade auch bei der empfindlichen Säuglingshaut, wie wirksam und schonend zugleich diese Naturessenz ist. Natürlich muß die Dosierung dem zarten Körper des Babies angepaßt werden.

ANWENDUNG:

• Geben Sie jeweils nur einen Tropfen des *Melaleuca*-Öls in die Babypflegecreme, aber dies bei jedem Wechseln der Windeln.

• Für das Babybad empfiehlt es sich, einen Tropfen des Teebaumöls auf 1 Teelöffel Mandelöl zu geben und dies mit dem Badewasser zu vermischen.

■ Milchschorf

Bei Neugeborenen treten die juckenden Krusten im Bereich der Kopfhaut und der Wangen auf. Es handelt sich um eine frühe Form der Neurodermitis, die manchmal chronisch wird.

ANWENDUNG:

• Um auftretenden Milchschorf bei einem Säugling mit *Melaleuca*-Öl zu behandeln, versucht man zunächst den Schorf aufzuweichen.

• 5 Tropfen Teebaumöl auf 1 Teelöffel Mandel- oder Jojobaöl. Damit werden die betroffenen Stellen sanft einmassiert. Lassen Sie dem Öl ca. 10 Minuten Zeit, in die Krusten und die Haut einzudringen.

• Danach waschen Sie das Öl mit einem Teebaumöl-Shampoo wieder heraus.

• Diese Prozedur sollten Sie täglich durchführen, bis der Schorf zurückgeht.

■ Neurodermitis

Die *Neurodermitis atopica* ist eine Hautkrankheit, die meist schon im Kindesalter beginnt. Ausgangspunkt sind typischerweise die Hautzonen in den Gelenkbeugen. Von dort kann sich die Neurodermitis über den ganzen Körper ausbreiten. Es kommt zu Rötung und Krustenbildung, wobei die erkrankten Menschen zeitweise von unsäglichem Juckreiz geplagt werden.

Die Behandlung dieser Krankheit ist schulmedizinisch sehr schwierig. Häufig angewandte *Cortison*-Präparate lindern zwar akut den Juckreiz und die Hauterscheinungen, bringen aber sekundär manchmal schwerwiegende Spätfolgen mit sich, da sie die Tendenz haben, die Krankheit „tiefer" in den Körper hineinzutreiben. *Asthma bronchiale* kann zu einer kausal engverknüpften Folgekrankheit einer durch *Cortison*-Präparate unterdrückten Hauterkrankung werden.

Teebaumöl hat diese unterdrückende Wirkung nicht! Es heilt die Haut an Ort und Stelle aus, indem es die Haut vor schädlichen bakteriellen, mykotischen und viralen Einflüssen befreit, sie durch Kühlung und Juckreizlinderung beruhigt, sie zu einer gesunden Regeneration aktiviert und sie schließlich durch die Gesamtheit seiner Wirkkomponenten widerstandsfähiger macht.

Dennoch sollte man sich nicht der Illusion hingeben, *Melaleuca*-Öl könnte eine manifeste, seit Jahren bestehende Neurodermitis ausheilen. Die Wirkung des Öls ist schonend und gründlich, aber sie bleibt auf die Haut beschränkt. Die Ursachen dieser Erkrankung liegen aber viel tiefer im Organismus und die Zusammenhänge sind zum großen Teil noch unklar. Sie gehen stark in die Bereiche Allergieanfälligkeit, Ernährung und Psyche hinein. Hier sind andere Bereiche der Naturheilkunde gefordert. Gute Erfahrungen mache ich immer wieder mit der Klassischen Homöopathie und der Traditionellen Chinesischen Medizin (TCM), zwei Heilsysteme, die sich in der Wahl ihrer Behandlungsstrategie immer am Gesamtbild der Krankheit des Patienten orientieren. Teebaumöl kann bei der Neurodermititis unterstützend helfen als Hilfe bei akutem Handlungsbedarf.

ANWENDUNG:

• Die betroffenen Stellen sollen besonders abends mit einer Teebaumölcreme oder Salbe eingerieben werden.

Es sei hier aber noch einmal ausdrücklich darauf hingewiesen, daß gerade Menschen mit einer Neurodermititis unter Umständen selbst auf das Teebaumöl allergisch reagieren können. Testen Sie unbedingt an einer kleinen Hautstelle, ob die Essenz von *Melaleuca alternifolia* für Sie verträglich ist oder ob es zu Reizungserscheinungen wie Rötung oder Brennen kommt, bevor Sie dieses ätherische Öl bei sich anwenden!

■ Schuppenflechte / Psoriasis

Immerhin 1-2 % der Bevölkerung in Mitteleuropa leiden unter dieser relativ häufigen Hautkrankheit. Sie tritt meist erst nach der Pubertät auf. Es bilden sich, vor allem an den Gelenkbeugen von Ellenbogen und Knie, aber auch an Rücken und Kopf, scharf abgegrenzte, rote, mit silbrigen Schuppen bedeckte Stellen. Diese können in Anzahl und Größe stark variieren. Oft sind auch die Nägel betroffen (Tüpfelnägel, Ölflecken).

ANWENDUNG:

• Für die Ursachen und Behandlung gilt ähnliches wie bei der ⇒Neurodermitis.

Juckreiz / Pruritus

Wir müssen uns immer vor Augen halten, daß Hautjucken keine eigene Erkrankung darstellt, sondern immer als Symptom zu einer Krankheit dazugehört. Die Haut ist ein komplexes Organ mit vielen verschiedenen Aufgaben. Nach außen stellt es unser Kontaktorgan mit der Umwelt dar. Sie ist den Einflüssen der Umwelt ständig ausgesetzt.

Die Informationen, die sie erhält, gibt sie nach innen in den Körper weiter, wohin eine komplexe Verbindung über unterschiedliche Kanäle besteht. Nervenbahnen liefern sensorische Empfindungen weiter, Blutbahnen transportieren Nähr-, Gift- und Botenstoffe in alle Regionen.

Nach der umgekehrten Richtung nutzt der Organismus die Haut und ihre Organe zur Entsorgung von schädlichen Stoffen, wie zum Beispiel über den Schweiß, oder aber die Haut wird zur Kommunikations- und Signalfläche, daß irgendwo zentraler im Körper eine Störung vorliegt. Dies kann bei beständig auftretendem Juckreiz der Fall sein. Es geht nicht darum, den Juckreiz, sondern vielmehr die zugrunde liegende Krankheit zu heilen.

Zum Beispiel gibt es den Fall, daß die Haut beständig am ganzen Körper juckt, ohne daß ein Hautausschlag oder etwas anderes Erkennbares vorläge. Manchmal ist dies ein Zeichen einer inneren Erkrankung, manchmal ist es nicht möglich, den Grund des Hautjuckens ausfindig zu machen, manchmal aber ist es ganz einfach: Bei empfindlicher, trockener Haut kann zu häufiges Waschen mit ständigem Jukken der Haut quittiert werden.

MUSKEL- UND RHEUMASCHMERZEN

■ Muskelschmerz und Muskelkater

Unsere Muskeln fangen an zu schmerzen, wenn sie lange und/oder stark belastet werden. Nach längerer Zeit des Untrainiertseins folgen auf den sportlichen Wiedereinstieg meist zwei Tage, an denen sich sehr genau nachvollziehen läßt, welche Muskelpartien beim Training beansprucht wurden. Für die Behandlung von Muskelkater eignet sich eine Massageöl-Mischung mit *Melaleuca*-Öl sehr gut, da das Teebaumöl auch schmerzlindernde Qualitäten besitzt.

ANWENDUNG:

- Am besten nimmt man Arnikaöl als Grundlage und gibt 10 Tropfen *Melaleuca*-Öl auf einen Eßlöffel Pflanzenöl.
- Als Ergänzung zeigen auch je 5 Tropfen Wacholderöl und Rosmarinöl eine gute Wirkung. Mit dieser Mischung dann die schmerzenden Körperteile einmassieren.
- Diese Behandlung läßt sich auch gut anwenden, wenn Muskeln durch ständige Verspannungen schmerzen, wie es häufig im Nacken- und im Schulterbereich der Fall ist.

■ Rheumaschmerzen

Reißende und ziehende Schmerzen in Teilen des Bewegungsapparates, Steifigkeit in den Gelenken und dies meist noch in Abhängigkeit von Jahreszeit und Witterung: Landläufig werden diese Beschwerden unter dem Begriff „Rheuma" eingeordnet. Medizinisch gesehen stellen sie nur einen kleinen Ausschnitt der als rheumatischer Formenkreis zusammengefaßten Muskel- oder Skeletterkrankungen dar.
Das Teebaumöl läßt sich hier auch wieder schmerzlindernd und durchblutungsfördernd einsetzen.

ANWENDUNG:

- Nehmen Sie ein Bad mit 10 Tropfen *Melaleuca*-Öl als Zusatz oder stellen Sie sich ein Massageöl her, wie es oben unter ⇒Muskelschmerzen und Muskelkater angegeben ist.

■ Gelenkentzündung / Arthritis

Auch die *Arthritis* ordnet sich mit formenreicher Erscheinung bei den rheumatischen Erkrankungen ein. Allgemein handelt es sich dabei um Gelenkentzündungen, die akut auftreten oder chronisch werden können. Die betroffenen Bereiche zeichnen sich durch eine hitzige, schmerzhafte Schwellung aus, wobei die Beweglichkeit des betroffenen Gelenkes eingeschränkt ist.

ANWENDUNG:

• Das Teebaumöl kann auch hier helfen, die Schmerzen zu lindern, wie es bei den ⇒Rheuma- und ⇒Muskelschmerzen bereits aufgeführt wurde.

• Zusätzlich läßt sich aber auch die Wärmeentwicklung und Schwellung bei der *Arthritis* positiv beeinflussen.

• Kühlen Sie das geschwollene Gelenk mit einer Baumwollkompresse, die mit kaltem Wasser und mit 10 Tropfen *Melaleuca*-Öl getränkt wurde.

PILZERKRANKUNGEN / MYKOSEN

Wenn wir die heilenden Kräfte des *Melaleuca*-Öls besprechen, dann berühren wir mit den Pilzerkrankungen ein großes und wichtiges Thema. Biologisch werden die Pilze den Pflanzen angegliedert, wobei es sich dabei ausschließlich um heterotrophe Lebensformen handelt, daß heißt, sie bauen ihre Nährstoffe nicht selbst auf, wie grüne Pflanzen dies mit Hilfe des Sonnenlichtes tun, sondern entziehen anderen Organismen die benötigten Substanzen.
In manchen Fällen, wie bei den Waldpilzen, entstehen aus dem Zusammenschluß eines Pilzes mit einem Baum fruchtbare Symbiosen. Im Austausch gegen die Nährstoffe, die der Pilz aus der Pflanze bezieht, gibt er andere Stoffe an den Baum ab, die dieser wiederum für seinen Stoffwechsel benötigt. Solche Symbiosen bilden zum Beispiel die Lebensgrundlage für die Ökosysteme in tropischen Regenwäldern. Auch die Orchideen sind zumindest beim Keimen auf Pilz-Symbioten angewiesen.
Pilze, die auf und in uns Menschen leben, sind ausschließlich Schmarotzer und Parasiten. Sie können unauffällig und zahlenmäßig unbedeutend bleiben, wenn sich kein Angriffspunkt für sie bietet, wenn also das Immunsystem des Körpers voll einsatzfähig ist. Sie können aber auch örtliche Infektionen bewirken oder gar schwerwiegende Organerkrankungen auslösen, wenn sie entweder in Massen auftreten oder aber auf einen geschwächten Körper treffen.
Da das *Melaleuca*-Öl seine hervorragende antimykotische (pilzabtötende) Wirkung immer wieder gezeigt hat, wollen wir die Mykosen nun mit einem eigenen Abschnitt bedenken.

■ Hautpilze / Tinea

Mykosen, die sich auf den äußeren Schichten der Haut abspielen, werden allgemein unter dem Namen *Tinea* abgehandelt, auch wenn die Erreger manchmal aus anderen Pilzfamilien stammen. Pilze im allgemeinen halten sich gerne im feuchten Milieu auf. Oft sind Haustiere als Überträger zu sehen.

Bartflechte / Tinea Barbis

Die Bartflechte ist eine Hautpilzerkrankung, die sich im Bereich des Gesichtes und des Halses ausbreitet. Typisch sind rote Flecken und Pickel, die leicht wund werden. Der Name *Barbis* stammt von dem lateinischen Wort für „Bart“, was darauf hindeutet, daß diese Pilzform für Bartträger, besonders bei der Rasur sehr unangenehm ist.

ANWENDUNG:

• Nehmen Sie anstatt After-Shave eine Teebaumöl Antiseptikcreme, und reiben Sie die betroffenen Stellen morgens und abends mit reinem *Melaleuca*-Öl ein.

Wäscherkrätze / Tinea cruris

Dieser Hautpilz breitet sich an den Innenseiten der Ober- und Unterschenkel aus. Es bilden sich viele kleine, rote Knötchen, die durch das Reiben der Kleidung und die Wärmeentwicklung heftig jucken können.

ANWENDUNG:

• Vermeiden Sie zu enge Kleidung.

• Tragen Sie das pure Teebaumöl täglich auf die betroffenen Stellen auf.

Fußpilz/ Tinea pedis

Ein besonders ärgerliches, aber schnell erworbenes Andenken an Bade- oder Umkleideräume in Hotels oder öffentlichen Einrichtungen, ist der Fußpilz. Wen es einmal erwischt hat, der weiß, wie schwer es ist, diesen ungebetenen Gast wieder loszuwerden.

Meist zeigt sich die Haut zwischen den Zehen gerötet und schuppig. Die Stellen nässen und jucken. Es kann ein Übergriff auf die Fußsohlen und auch auf die Hände erfolgen.

ANWENDUNG:

• Die Behandlung des Fußpilzes erfordert einige Konsequenz.

• Morgens die Füße waschen, am besten trocken fönen. Dann das pure *Melaleuca*-Öl auftragen.

• Sie sollten täglich ein Fußbad nehmen, in das Sie 10 Tropfen *Melaleuca*-Öl gegeben haben.

• Danach die Füße wieder trocken fönen und die betroffenen Stellen mit dem reinen Öl einreiben.

• Diese Behandlung sollte fortgesetzt werden, bis sich die Symptome wesentlich bessern und dann noch einige Wochen darüber hinaus, um sicher zu gehen.
Die Erfolge, die sich mit der Anwendung von Teebaumöl bei Fußpilz ergeben, sind immer wieder überraschend.

Untersuchungen zur Wirkung von Melaleuca Alternifolia auf Fußpilz und Nagelmykosen

In den letzten Jahrzehnten sind bereits einige Studien zur Wirksamkeit des Teebaumöls bei Tinea Pedis und Onychomykosen durchgeführt worden. Es zeigte sich immer wieder, daß das Teebaumöl in seinen Resultaten durchaus mit den synthetischen Antimykotika mithalten kann und von den Patienten gut vertragen wird.
Walker (1972) untersuchte in einer klinischen Studie die Wirksamkeit des Teebaumöls bei Tinea Pedis und Onychomykosen der Fußnägel an insgesamt 60 Personen. 40 Patienten wurden mit einer Emulsion aus 40 Teilen Teebaumöl zu 60 Teilen Isopropanol behandelt (Gruppe 1). Weitere 12 Patienten behandelten die Mykosen mit einer Salbe auf Lanolinbasis, in die ein 8 %iger Extrakt aus *Melaleuca alternifolia* eingearbeitet war (Gruppe 2). 8 Patienten wurden mit dem reinen ätherischen Öl aus *Melaleuca alternifolia* behandelt (Gruppe 3).
In der Gruppe 2 konnten acht der zwölf Patienten vollständig vom Fußpilz geheilt werden. Bei der dritten Gruppe verbesserten sich die Krankheitssymptome der Patienten, die Erreger ließen sich aber nach der Behandlung noch mikrobiologisch nachweisen.
In einer neueren Studie untersuchte Buck (1994) die Wirksamkeit des reinen Teebaumöls (Gruppe 1) bei Onychomykosen der Fußnägel im Vergleich zu einer Clotrimazollösung (Gruppe 2) an insgesamt 117 Patienten über den Zeitraum von sechs Monaten. Am Ende der Behandlungszeit erreichten 18 % der mit Teebaumöl behandelten Patienten eine vollkommene Heilung gegenüber 11 % der Clotrimazol-Gruppe. Daß heißt, in diesen Fällen gab es keine Krankheitssymptome mehr, und die Erreger waren mikrobiologisch nicht mehr nachweisbar. Ein effektives Abklingen der Krankheitssymptome wurde bei 61 % der Patienten der Gruppe 1 und bei 60 % der Patienten aus der Gruppe 2 beobachtet.

■ Soor / *Candida*-Mykosen

Es gibt zahlreiche Arten von Hefepilzen der Gattung *Candida*. Einige davon können zu Krankheitserregern beim Menschen werden. *Candida albicans* ist die bekannteste und auch die wichtigste Art. Dieser Pilz kommt praktisch im Körper eines jeden Menschen vor, vor allem in der Darmflora.

Dort wird er jedoch im Normalfall von den, an der Verdauung mitwirkenden, Darmbakterien kontrolliert. Wird diese Darmflora geschädigt oder der Körper generell durch Antibiotikagaben, Nahrungsmittelallergien und bestimmte Grundkrankheiten wie *Diabetes mellitus* in eine schlechte Abwehrlage versetzt, dann kann sich der *Candida* Pilz stark vermehren und in anderen Körperregionen ansiedeln. Er wird pathogen.

Die schulmedizinische Behandlung greift auf synthetische Antimykotika zurück, die meist starke Nebenwirkungen haben und zudem die Abwehrkraft des Körpers weiter schwächen. Das Teebaumöl wirkt ohne Nebenwirkungen, und da es auch für die Schleimhäute des Körpers sehr verträglich ist, kann es am bevorzugten Hauptansiedelungsort des *Candida* Pilzes direkt einwirken.

Candidose der Mundschleimhaut

Diese weißen bis flächigen Beläge vor allem an den Innenseiten der Wangen treten meist bei Säuglingen auf. Sie können sich aber auch im Alter, in Zusammenhang mit Zahnlosigkeit und künstlichen Gebissen bilden.

ANWENDUNG:

• Bei Erwachsenen empfiehlt es sich, 2-3 mal am Tag mit *Melaleuca*-Öl zu gurgeln und den Mund zu spülen. 5 Tropfen des Öls in ein Glas mit lauwarmem Wasser geben.

• Zusätzlich sollte das Öl auch direkt auf die Beläge einwirken. Verdünnen Sie es ein wenig mit Wasser, etwa im Verhältnis 1:1.

• Dann tupfen Sie diese Mischung mit einem Wattestäbchen direkt auf die Pilzflecken auf.

• Dies sollten Sie täglich tun, bis die weißen Flecken verschwunden sind.

Scheidenentzündung

Bei Frauen findet sich häufig eine Ansiedelung des *Candida albicans* Pilzes im Bereich von Vulva und Vagina. Meist sind auch noch einige andere *Candida*-Arten beteiligt wie *Candida glabrata* und *Candida tropicalis*. Außerdem spielt der Einzeller *Trichomonas urogenitalis* hier eine wichtige Rolle. Es ergeben sich oft heftige Entzündungen mit starkem Jucken und brennenden Schmerzen.
Im Zusammenhang mit der Behandlung von Scheideninfektionen mit Teebaumöl sind bereits mehrere wissenschaftliche Untersuchungen gemacht worden.

UNTERSUCHUNG ZUR WIRKUNG VON MELALEUCA ALTERNIFOLIA AUF VAGINALMYKOSEN

Belaiche (1985) untersuchte in einer Studie an 28 Patientinnen die Wirksamkeit des Teebaumöls bei Vaginalmykosen, verursacht durch *Candida albicans*. Hierzu wurde das Öl von Melaleuca alternifolia in Vaginalkapseln auf Gelatine-Glycerol-Basis eingefüllt. In jeder Kapsel waren 20 mg Teebaumöl enthalten. Jede Patientin führte über die Dauer von 3 Monaten jeden Abend eine solche Kapsel ein.
Nur eine Frau mußte die Behandlung aufgrund von lokalem Brennen in der Vagina nach einer Woche abbrechen. Sonst traten keine weiteren Nebenwirkungen auf.
Nach der Behandlung zeigten 23 der 27 Patientinnen Beschwerdefreiheit, Candida albicans konnte nicht mehr nachgewiesen werden.

ANWENDUNG:

- Für eine Behandlung ist es grundsätzlich wichtig, den Sexualpartner auch mit einzubeziehen! Sonst bleibt der Erfolg nicht von Dauer (⇒Eichelentzündung).
- Sie sollten täglich ein Sitzbad nehmen, in das Sie 10 Tropfen *Melaleuca*-Öl gegeben haben.

• Innerlich können Sie dem Pilz mit Tampons zu Leibe rücken. Geben Sie auf einen Eßlöffel Naturjoghurt 5 Tropfen Teebaumöl, rühren Sie das Teebaumöl unter und tauchen Sie den Tampon kurz hinein.
• Danach führen Sie den Tampon in die Vagina ein und belassen ihn für ca. 12 Stunden dort. Den 12 Stunden-Rhythmus sollten Sie beim Wechseln des Tampons einbehalten.
• Der Naturjoghurt bietet einen idealen Nährboden für die natürliche Flora der Scheide und hilft zusammen mit dem Teebaumöl, diese zu stärken und wieder aufzubauen. Diese Kur sollte mindestens eine Woche durchgeführt werden.
• Sie können die Prozedur auch mit einer Lösung von Teebaumöl mit destilliertem Wasser machen. Geben Sie dann 5 Tropfen auf ca. 20 ml des Aqua dest.

Eichelentzündung / Balanitis

Balanitis ist eine Entzündung, die sich auf die Eichel und Vorhaut des Penis auswirkt. Sie wird gleichfalls durch den Pilz *Candida albicans* hervorgerufen. Die Übertragung geschieht durch Sexualkontakt. Deshalb ist es wichtig, den Sexualpartner mitzubehandeln, um einer Neuinfektion vorzubeugen (⇒Scheidenentzündung).

ANWENDUNG:
• Zur Behandlung tragen Sie mehrmals täglich eine Mischung von ca. einem Eßlöffel destilliertem Wasser mit 1-2 Tropfen *Melaleuca*-Öl direkt auf.
• Sie können die Eichel hinterher zusätzlich noch mit einer antiseptischen Teebaumöl-Creme einreiben.

Weißfluß / Fluor

Als Weißfluß, Fluor oder Leukorrhoe wird ein Begleitsymptom bezeichnet, das im Zusammenhang mit Scheidenentzündungen auftreten kann. Es tritt dann weißer oder gelber Ausfluß aus. Die Leukorrhoe kann aber auch ohne Entzündungserscheinungen vorkommen und andere Ursachen haben. Diese lassen sich nur in der ärztlichen Untersuchung abklären.
Wird der Fluor durch Bakterien oder *Candida*mykose verursacht, so kann hier natürlich *Melaleuca*-Öl zu Hilfe gezogen werden.

ANWENDUNG:
• Die Behandlung orientiert sich an der bei einer ⇒Scheidenentzündung.

Darmsanierung

Wenn es dem *Candida albicans* gelingt, sich im Darm eines Menschen zu etablieren, kommt es häufig zu relativ unspezifischen Symptomen, die eine Diagnose des Pilzbefalls erschweren. Die Beschwerden können von ständig wiederkehrenden Erkältungen, über allgemeinen Leistungsabfall, ständige Müdigkeit, Blähungen, wechselnden Stuhl (Durchfall/Verstopfung) bis zu depressiven Verstimmungen reichen. Der Nachweis der Darmmykose gelingt über die Untersuchung von Stuhlproben, wenn andere Ursachen für dieses Symptomenbild ausgeschlossen sind.

Als Therapie kann in diesem Fall eine gründliche Darmsanierung erfolgen. Dabei wird versucht, die natürliche Darmflora zu stärken und zum Wiedererblühen zu bringen, während den pathogenen Darmbewohnern Schritt für Schritt der Nährboden entzogen wird. *Candida albicans* gehört zu den hefeartigen Pilzen und lebt deshalb hauptsächlich von Zuckerverbindungen. Ernährungsgewohnheiten, die sich viel auf Produkte stützen, in denen raffinierter Zucker enthalten ist, begünstigen die Entwicklung einer Darmmykose ungemein. Deswegen gilt als oberstes Prinzip: absolut keine Süßigkeiten oder sonstige zuckerhaltige Produkte für mindestens zwei Monate!

Zur Unterstützung der natürlichen Darmbakterien, die maßgeblich an unserer Verdauung beteiligt sind, gibt es spezielle Präparate, die Ihnen Ihr Arzt oder Heilpraktiker nennen kann.

Zunehmend gehen viele Therapeuten dazu über, auch *Melaleuca*-Öl bei der Darmsanierung einzusetzen. Von den Herstellern und Produzenten wird darauf hingewiesen, das Öl für die innere Anwendung nicht pur zu benutzen und nicht über längere Zeiträume einzunehmen. Im Normalfall kann es aber in stark verdünnter Form durchaus benutzt werden.

ANWENDUNG:

• Als einfachste unterstützende Maßnahme ist die Mundspülung mit Teebaumöl anzusehen. Morgens und abends 5 Tropfen in ein Glas lauwarmes Wasser geben und damit den Mund ausspülen.
Zusätzlich kann man 1x täglich 5 Tropfen in einem Glas Wasser trinken.
Manche Apotheken haben damit begonnen, auch TEEBAUMÖL-KAPSELN herzustellen, die dann die Magenpassage unbeschadet überstehen und ihre Wirkung im Darm voll zur Entfaltung bringen können.
Die benutzten Konzentrationen des Teebaumöls bewegen sich hier im Bereich von etwa 10-20 Milligramm, was bereits eine ausreichende Menge zu sein scheint. Um eine bessere Löslichkeit und Aufnahme im Darm zu erzielen, werden dem Öl noch fettlösliche Zusätze wie Vitamin E beigefügt.
Immer mehr Heilpraktiker verwenden in Ihrer Praxis kaum noch Nystatin Präparate o.ä., sondern arbeiten ausschließlich mit *Melaleuca*-Öl bei der Darmsanierung.

INNERE ENTZÜNDUNGEN

■ Ohren

Besonders anfällig für Ohrenentzündungen sind kleine Kinder, da bei ihnen die Erreger leichter als beim Erwachsenen vom Rachen her durch den noch breiten Verbindungsgang (Eustachsche Röhre) zu den Ohren aufsteigen können. Bei auftretenden Ohrenschmerzen können Sie die Anwendung von *Melaleuca*-Öl ausprobieren. Es wirkt schmerzlindernd und beruhigend auf die Entzündung ein.

ANWENDUNG:

• Nehmen Sie dazu einen Eßlöffel erwärmten Mandelöls, auf das Sie 4 - 5 Tropfen Teebaumöl geben.

• Geben Sie nun mehrmals täglich 2 - 3 Tropfen dieser Ölmischung mit einer Tropfenpipette in das erkrankte Ohr.

Bei einer heftigen Entzündung, die womöglich mit Fieber einhergeht, sollten Sie den Arzt aufsuchen, um zuerst das Ausmaß der Entzündung abzuklären. Außerdem dürfen bei bereits festgestellten Löchern im Trommelfell keine Tropfen ins Ohr gegeben werden.

■ Nase

Nasennebenhöhlenentzündungen begleiten oftmals Erkältungen. Sie haben je nach Veranlagung des Betroffenen die Tendenz, auch chronisch zu werden. Neben häufigen Kopfschmerzen ist vor allem die Behinderung des freien Luftholens durch die Nase eine Hauptbeschwerde. Das *Melaleuca*-Öl kann über die eingeatmete Luft am besten in das Höhlensystem in unserem Gesichtsschädel transportiert werden.

ANWENDUNG:

• Als Badezusatz mit 10 Tropfen des Öls.

• Als Dampfbad für das Gesicht. 5 Tropfen in eine Schüssel mit dampfend heißem Wasser.

• Legen Sie ein Tuch über den Kopf und versuchen Sie 10 Minuten lang durch die Nase einzuatmen. Sollte Ihnen der Dampf zu heiß sein, warten Sie ein wenig, bis sich das Wasser etwas abgekühlt hat. Dies an mehreren Tagen hintereinander wiederholen.

• Direkt als Aromaduft in der Zimmerluft in der Aromalampe oder in der

kalten Jahreszeit per Heizungsverdunster.
Günstig ist es, ein Taschentuch dabei zu haben, auf das ein paar Tropfen des Öls geträufelt werden. Durch dieses Tuch können Sie dann direkt auch unterwegs inhalieren.
Äußerliche Wärmeanwendung in Form von Infrarotlicht oder ein Sonnenbad helfen zusätzlich, die Entzündung zu vertreiben.

■ Mund

Mundbläschen / Aphten

Die äußerst schmerzhaften und berührungsempfindlichen kleinen Bläschen mit rotem Rand und weißem Belag bilden sich im Mund vornehmlich unter der Zunge und im Bereich zwischen Kiefer und Wangenschleimhaut.

ANWENDUNG:
• Bei akutem Auftreten kann das Teebaumöl mit einem Wattestäbchen pur auf die entzündeten Bezirke aufgetupft werden.
• Dies lindert den Schmerz sehr gut und bringt die Aphten schnell zum Abheilen.

Zahnschmerz

ANWENDUNG:
• Bei akuten Zahnschmerzen können Sie die Umgebung des schmerzenden Zahnes direkt mit dem Teebaumöl betupfen.
Zusätzlich hilft es, mehrmals täglich mit warmem Wasser zu gurgeln, in das 5 Tropfen des *Melaleuca*-Öls gegeben worden sind.

Sollten die Schmerzen stark sein, sich nicht in angemessener Zeit legen oder wiederholt auftreten, so wird der Besuch beim Zahnarzt unvermeidbar.

Zahnfleischentzündung, -bluten

Zahnbeläge oder mechanische Einflüsse wie das Reiben von Zahnprothesen sind oft der Grund für häufiges Zahnfleischbluten oder Entzündungen im Zahnfleisch.

ANWENDUNG:

• Hier ist generell die Anwendung einer Zahncreme mit *Melaleuca*-Öl hilfreich. Sie können auch einen Tropfen des Teebaumöls beim Putzen der Zähne auf eine herkömmliche Zahnpasta tun.

Im akuten Fall gurgeln Sie mit Teebaumöl wie unter dem Punkt ⇒Zahnschmerz beschrieben und reiben die entzündeten Stellen einmal täglich mit purem Teebaumöl ein.

■ Hals

Kehlkopfentzündung / Laryngitis

Eine Entzündung des Kehlkopfes mit Heiserkeit und Halsschmerzen entwickelt sich häufig im Zusammenhang mit Erkältungskrankheiten.

ANWENDUNG:

• Sie können hier mit einer Dampfinhalation die Luftwege erfrischen. Geben Sie dazu 5 Tropfen *Melaleuca*-Öl in eine Schüssel mit heißem Wasser.

• Legen Sie ein Tuch über den Kopf und atmen Sie 10 Minuten lang die beruhigenden Duftströme ein.

• Dies an mehreren Tagen hintereinander wiederholen.

• Legen Sie sich einen feuchten, kalten Wickel um den Hals, den Sie mit einem Wollschal umhüllen.

• In den Wickel können Sie 5 Tropfen *Melaleuca*-Öl geben.

• Wenn sich der Umschlag erwärmt, ist es Zeit, ihn wieder abzunehmen und erneut mit kalten Wasser zu befeuchten.

• Gurgeln Sie 3x täglich mit kaltem Wasser und 5 Tropfen *Melaleuca*-Öl.

■ Blase

Blasen- und Harnröhrenentzündung

Durch äußere Kälteeinwirkung, verbunden mit dem Eindringen von Bakterien in Harnröhre und Blase, werden Blasenentzündungen hervorgerufen. Frauen sind wesentlich häufiger davon betroffen als Männer. Das liegt vor allem an den anatomischen Gegebenheiten, daß bei der Frau die Harnröhre wesentlich kürzer ist als beim Mann und die Bakterien deswegen schneller an Ort und Stelle vordringen können.

Die Symptome sind ständiger Harndrang bei schmerzhaftem Wasserlassen, Nachtröpfeln und Brennen.

ANWENDUNG:

• Zur Behandlung können Sie täglich ein Sitzbad nehmen, angereichert mit 10 Tropfen *Melaleuca*-Öl.

Zusätzlich hat es sich als hilfreich erwiesen, nach jedem Wasserlassen den Harnausgang mit einer Mischung aus destilliertem Wasser und Teebaumöl zu betupfen. Geben Sie dazu 10 Tropfen auf einen ½ l destilliertes Wasser.

Außerdem sollten Sie bemüht sein, einige Liter Kräutertee am Tag zu trinken, da die Blase auf die Weise am besten „ausgespült“ werden kann. Geeignete Kräuter für die Bereitung eines Blasentees sind zum Beispiel Bärentraubenblätter (*Folia Uvae Ursi*), Ackerschachtelhalm (*Herba Equiseti*) und Goldrute (*Herba Solidago virgaurea*).

UNTERSUCHUNG ZUR WIRKUNG VON MELALEUCA ALTERNIFOLIA BEI BLASENENTZÜNDUNGEN

Belaiche (1985) untersuchte die antiseptische Wirksamkeit des Teebaumöls in einer Studie an 26 Patientinnen mit Blasenentzündung, verursacht durch *Escherichia coli*.

Die Patientinnen wurden in zwei gleich große Gruppen aufgeteilt. Gruppe 1 erhielt täglich eine Dosis von 24 mg Teebaumöl in Kapselform, Gruppe 2 erhielt ein gleich aussehendes Placebo.

Die Patienten wurden über den Zeitraum eines halben Jahres untersucht. Am Ende der Behandlung waren 7 Frauen der Gruppe 1 beschwerdefrei. Die bakterielle Infektion war verschwunden. Bei vier Frauen konnten noch *Escherichia coli* nachgewiesen werden, aber die Symptome der Patientinnen waren verschwunden. Im Vergleich dazu zeigten in der Gruppe mit dem Placebo lediglich 2 Patientinnen eine Verbesserung der Symptome.

■ After

Hämorrhoiden

Hämorrhoiden sind knotenförmige Erweiterungen der Blutgefäße am Darmausgang und am After. Sie jucken unangenehm, verbreiten ein Gefühl des Brennens und äußeren sich häufig auch mit Blutungen. Wichtig ist hier eine peinliche Hygiene des Analbereichs, um sich vor Entzündungen zu schützen. Das *Melaleuca*-Öl lindert den Juckreiz am Anus und verhindert Entzündungen.

ANWENDUNG:

• Zur Behandlung der Hämorrhoiden eignet sich ein Sitzbad: Geben Sie 5-10 Tropfen Teebaumöl in eine Schüssel oder in die Badewanne mit warmem Wasser. Nehmen Sie darin ein 10-minütiges Sitzbad. In akuten Fällen können Sie reines Teebaumöl auf den After auftupfen. Den Bereich mit einer antiseptischen Teebaumöl-Creme einreiben.

■ Beine

Krampfadergeschwüre

Diese oberflächlichen Wundstellen treten bei Menschen mit ausgedehntem Krampfaderleiden oft schubweise über Monate und Jahre auf. Vornehmlich bilden sie sich auf dem Unterschenkel und heilen gewöhnlich sehr langsam aus. Die Therapie geschieht lokal mit Kompression und beständiger Desinfektion der betroffenen Hautareale. Es liegen seit langem Berichte darüber vor, daß das *Melaleuca*-Öl beim Abheilen solcher Geschwüre Unschätzbares zu leisten vermag. So erschien bereits in den frühen sechziger Jahren eine amerikanische Veröffentlichung unter dem Titel „Das australische Teebaumöl" über die erfolgreiche Behandlung eines Krampfadergeschwürs mit dem Öl. Die offene Stelle wurde täglich in warmem Wasser gebadet, in das man einige Tropfen Teebaumöl gegeben hatte. Danach deckte man sie mit einer präparierten Kompresse ab, die mit einer Lösung aus Olivenöl und reiner Teebaumöl-Essenz im Verhältnis 3:1 getränkt war. Infolge der Behandlung heilte das Krampfadergeschwür zügig ab.

ANWENDUNG:

• Eine andere Variante bei der Behandlung besteht darin, nach dem 10-20 minütigen Bad mit anschließender Wundreinigung 3-5 Tropfen *Melaleuca*-Öl pur in eine sterile Kompresse zu geben und auf der Wunde zu plazieren.

VIRUSINFEKTIONEN

Viruserkrankungen können im allgemeinen nur symptomatisch behandelt werden. Anders als bei den bakteriell hervorgerufenen Erkrankungen gehen gängige Antibiotika gegen die Viren mit ihrem ganz eigenen Bau und Lebenszyklus nicht vor. Es gibt spezielle, antiviral wirksame Medikamente, die aber nur in besonderen Fällen zur Anwendung kommen.
Es ist deshalb als eine einzigartige Stärke der ätherischen Essenz aus *Melaleuca alternifolia* zu sehen, daß sich diese natürliche, relativ einfach zu gewinnende, ungiftige Substanz gegen Bakterien wie auch gegen Viren als wirksam erwiesen hat.

■ Erkältungen

Bei Erkältungen werden alle mit der Atemluft in Berührung kommenden Körperpartien angegriffen. Husten, Schnupfen, Heiserkeit, Gliederschmerzen und leichtes Fieber sind die bekannten Symptome. Verantwortlich für den Ausbruch einer Erkältung zeichnet eine bunte Mischung von weit über 20 verschiedenen Virenarten, die sich eine herabgesetzte Immunlage des Körpers zunutze machen. Klimatische Einflüsse wie nasse Haare oder Zugluft spielen ebenfalls eine Rolle.
Teebaumöl hilft, die Dauer und Schwere der Krankheit zu reduzieren und sorgt dafür, daß Folgeinfektionen mit Bakterien wie Sinusitis oder Ohrenentzündungen erst gar nicht auftreten. Die Teebaum-Essenz verhindert oft schon das Ausbrechen der Erkältung, wenn sie gleich bei den ersten Anzeichen zur Anwendung gebracht wird.

ANWENDUNG:

• Ein heißes Erkältungsbad mit 5-10 Tropfen *Melaleuca*-Öl lindert die Gliederschmerzen und macht die Atemwege frei.
• Danach sollten Sie zumindest 1-2 Stunden schlafen.
• Einige Tropfen der Essenz auf das Kopfkissen verteilt, umgeben den Kranken mit einer wohltuenden Atmosphäre.

Halsschmerzen

ANWENDUNG:

- Bei Halsschmerzen geben Sie 5-10 Tropfen Teebaumöl in ein Glas mit warmem Wasser.
- Damit gurgeln Sie 2-3 mal täglich.

Es gibt neuerdings auch spezielle Halslutschtabletten mit *Teebaum*-Öl auf dem Markt. In der Zusammensetzung mit Menthol und aromatischen Kräutern erfrischen und befeuchten sie rauhe und kratzende Hälse, besonders zu Beginn einer Erkältung. Dadurch mildert sich oft auch aufkommender Hustenreiz.

Husten / Bronchitis

ANWENDUNG:

- Bei Husten lindern Sie die Beschwerden, wenn Sie Brust und Rücken morgens und abends mit der Essenz einreiben.
- Mischen Sie dazu einen Eßlöffel Weizenkeimöl mit 10 Tropfen Teebaumöl.

Die Dampfinhalation wirkt zusätzlich desinfizierend und beruhigend im Inneren der Lunge.

- 5-10 Tropfen *Melaleuca*-Öl in eine Schüssel mit heißem Wasser, ein Handtuch über den Kopf und dann 10 Minuten die Lungen mit dem erfrischenden Vapor füllen.

Fieber

Wenn sich bei einer Erkältung Fieber zeigt, so ist dies eigentlich eine „gesunde" Reaktion des Körpers im Kampf gegen die Erreger der Erkrankung. Deshalb sollte man nicht sofort beim Anstieg der Körpertemperatur zu Maßnahmen greifen, die das Fieber wieder absenken.
Hohes Fieber über längere Zeit oder Spitzen über 40° C erfordern ärztliches Eingreifen.

ANWENDUNG:

- Feuchtkalte Wadenwickel sind ein altes Hausmittel zur Fiebersenkung.
- Gibt man noch ein paar Tropfen des *Melaleuca*-Öls in die Wickel, so kann die Essenz durch die Haut einziehen und von innen her kühlend auf den Körper wirken.

■ Grippe / Influenza

„Laune, Spleen“ ist die Übersetzung für das französische Wort „grippe“, was sich auf den plötzlichen und vielgestaltigen Charakter dieser Erkrankung bezieht. Sie tritt in den Wintermonaten gehäuft auf. Turnusmäßig alle 1-3 Jahre entwickelt sich eine Grippewelle; im Schnitt einmal im Jahrzehnt entsteht daraus eine richtige Epidemie, die sich interkontinental ausbreitet.

Erreger der Krankheit ist das *Influenza*-Virus, welches sich im Bereich der oberen Atmungswege festsetzt. In unseren Breiten verwenden wir die Begriffe Grippe und Erkältung beinahe synonym. Der Unterschied zur einfachen Erkältung liegt darin, daß sich bei einer manifesten Grippe ein schweres Krankheitsgefühl einstellt. Das Fieber steigt relativ schnell und hoch an, zum Teil mit Schüttelfrost, und wird begleitet von massiven Kopf-, Kreuz- und Gliederschmerzen.

Durch eine Grippe werden besonders der Hals und die Bronchien angegriffen. In unkomplizierten Fällen ist die akute Phase in 4-6 Tagen überwunden. Man fühlt sich noch eine Zeitlang recht matt, kommt aber wieder auf die Beine. Eine Gefahr besteht in bakteriellen Folgeinfektionen, wenn der Influenza-Virus erst einmal die Pforten zu den Schleimhäuten in Nase und Bronchien geöffnet hat. Dann kann sich eine Nebenhöhlenentzündung, eine Mittelohrentzündung, eine ausgedehnte Bronchitis oder gar eine Lungenentzündung einstellen.

Das Teebaumöl kann dafür sorgen, daß es zu solchen Komplikationen erst gar nicht kommt. Wichtig ist es hier, schon so früh wie möglich regulierend einzugreifen.

<u>ANWENDUNG:</u>

- Wenn Sie das Gefühl haben, „über einer Grippe zu brüten“, dann geben Sie die Essenz in Ihre Duftlampe, um die Raumluft mit dem Öl auszufüllen.
- Tröpfeln Sie etwas Öl auf Ihr Kopfkissen.
- Nehmen Sie vor dem Zubettgehen ein Erkältungsbad mit 10 Tropfen *Melaleuca*-Öl (bei Kleinkindern 3-5 Tropfen). Oft genügt dies, um zumindest die Krankheit einzudämmen, wenn nicht gar ihren Ausbruch zu vereiteln.
- Wenn Sie nun aber mit einer Grippe daniederliegen, gelten eigentlich die gleichen Behandlungsansätze, wie sie für die Erscheinungen bei einer ⇒Erkältung aufgeführt sind.

• Zusätzlich ist es sehr erleichternd, einmal am Tag die schmerzenden Glieder und vor allem den unteren Rückenbereich mit einem Arnika-Mazerat leicht zu massieren. Geben Sie auf einem Eßlöffel des Arnikaöls 5 Tropfen *Melaleuca*-Öl.

Herpes-Viren

90 % der Erwachsenen sind in ihrem Leben mit Herpes-Viren infiziert worden. Die meisten leben jedoch in einem Gleichgewicht mit dem Erreger, so daß keine Krankheitserscheinungen zutage kommen.
Unter den Viren der Herpes-Familie (*Herpesviridae*) gibt es einige nahe Verwandte, die für verschiedene Krankheitsbilder wie Fieberbläschen, Lippenherpes, Genitalherpes, aber auch für Windpocken und Gürtelrose verantwortlich sind. Allen diesen Krankheiten gemeinsam sind die bläschenartigen Hautausschläge und der starke Juckreiz, der von diesen ausgeht.
Mit Teebaumöl sind seit Jahren gute Erfolge bei der Behandlung von Bläschenausschlag erzielt worden. Das Öl trocknet den Krankheitsherd aus, ohne die Haut zu reizen oder zu schädigen, und verhindert außerdem eine weitere Ausbreitung.

Lippenherpes / Herpes labialis

Körperliche Streßsituationen wie fieberhafte Infektionen, massive Sonnenbestrahlung, Übermüdung oder die Menstruation können die Entstehung der Herpes-Bläschen ebenso auslösen wie seelischer Streß, dem man ausgesetzt ist. Die Bläschen sind stark infektiös und übertragen die Erreger schnell auf andere Menschen. Jedoch ist die Anfälligkeit für die Infektion bei verschiedenen Menschen sehr unterschiedlich.

Wenn das *Melaleuca*-Öl gleich zu Beginn des Auftretens eines Bläschenherdes eingesetzt wird, kann es eine erstaunlich effektive Wirkung haben.

ANWENDUNG:

• Sobald sich die Bläschenbildung abzeichnet, sollten Sie die betroffenen Stellen mehrmals täglich mit purer Teebaumöl Essenz betupfen.
• Wiederholen Sie dies mehrere Tage, bis der Herpes abgeheilt ist.

Genitalherpes / Herpes genitalis

Werden die Herpes-Viren beim Sexualakt über die Geschlechtsorgane übertragen, so können die Bläschen beim Mann wie bei der Frau im Bereich der Geschlechtsorgane auftreten. Die Erstinfektion ist sehr schmerzhaft und der Anfall dauert bis zu drei Wochen. Durch Geschlechtsverkehr, andere Infektionen und Streß können sich die Attakken, ähnlich wie beim ⇒Lippenherpes, wiederholen. Sie verlaufen dann zwar weniger heftig und in der Regel wesentlich kürzer, aber nicht minder unangenehm.

ANWENDUNG:

• Dank der hervorragenden Haut- und Schleimhautverträglichkeit des Teebaumöls ist es bei fast allen Menschen kein Problem, das Öl direkt auf die Bläschen zu tupfen. Sollten sich jedoch Irritationen in Form von nachhaltigen Hitzeempfindungen einstellen, sollte die Behandlung abgebrochen werden!

Das Sitzbad ist hier auch wieder ein gutes Mittel, um die Wirkung des Teebaumöls an Ort und Stelle zu bringen. Sie können sich bis zum Abklingen der Herpes-Bläschen täglich ein Bad gönnen und bis zu 30 Tropfen hineingeben.

UNTERSUCHUNGEN ZUR WIRKUNG VON MELALEUCA ALTERNIFOLIA AUF LIPPENHERPES

1991 prüften Shemesh und Mayo das reine Melaleuca-Öl unter anderem auf seine Wirkung bei *Herpes Labialis*. Sechs Patienten wurden über die Dauer eines halben Jahres mit dem Teebaumöl behandelt.

Bei allen zeigte sich eine echte Verbesserung der Symptome beim Auftreten der Herpes-Bläschen.

Windpocken / Varizellen

Der Name Windpocken deutet schon an, daß diese Erkrankung scheinbar mit dem Wind übertragen wird. Sie ist in der Tat sehr infektiös. „Pocken“ steht deshalb im Namen, weil der entstehende Hautausschlag dem der echten Pocken ähnelt. Die meisten Menschen machen als Kind eine Windpocken-Infektion durch und sind dann zeitlebens immun. Teebaumöl ist wegen seiner antiviralen, immunstimulierenden und schmerzlindernden Eigenschaften gegen Windpocken besonders effektiv. Es vermindert den Juckreiz, fördert die Heilung der Flecken, Bläschen und Knötchen und verhindert eine mögliche Narbenbildung durch zu heftiges Kratzen.

ANWENDUNG:

• Ein tägliches Bad kann hier wieder hilfreich sein. Als Faustregel sollte man bei Kindern die Tropfenzahl des *Melaleuca*-Öls dem Alter entsprechend abmessen.

• Also bei Kindern unter zwei Jahren nicht mehr als zwei Tropfen *Melaleuca*-Öl ins Wasser tun, bei Sechsjährigen zum Beispiel können bis sechs Tropfen des Öls im Badewasser enthalten sein.

• Die Obergrenze liegt allgemein bei 10 Tropfen Teebaumöl pro Badewannenfüllung.

• Tragen Sie eine antiseptische Teebaumöl-Creme direkt auf die Pusteln auf.

Gürtelrose / Herpes zoster

Die Gürtelrose wird vom gleichen Virus ausgelöst wie die Windpocken. Dabei ist aber nicht der ganze Körper betroffen, sondern es wird lediglich dasjenige Hautareal erfaßt, das von den Rückenmarksnerven versorgt wird, in dem der Virus aktiv geworden ist. Da die von den einzelnen Wirbeln abgehenden Nerven immer nur bestimmte streifenförmige Segmentzonen des Körpers versorgen, zeichnet sich diese Virusinfektion als genau solch ein „Gürtel" auf der Haut des Patienten ab.
Die Gürtelrose ist sehr schmerzhaft, wenn sie sich erst einmal entwikkelt hat. Deshalb sollte so früh wie möglich mit dem Gegeneinsatz von Teebaumöl begonnen werden.

ANWENDUNG:

- Das Teebaumöl sollte nicht pur auf die sehr empfindlichen Hautstellen angewendet werden.
- Mischen Sie 10 Tropfen *Melaleuca*-Öl auf einen Eßlöffel Johanniskrautöl und massieren Sie damit die befallene Körperzone sanft und vorsichtig.
- Auch eine antiseptische Teebaumöl-Creme beruhigt die entzündeten Flächen.
- Vermeiden Sie jedoch den Bereich der Augen!

MELALEUCA-ÖL ZUR IMMUNSTÄRKUNG

Eine entspannte Lebensweise, ausgewogene Ernährung und regelmäßige Bewegung in frischer Luft sind die Grundlagen einer guten Immunlage eines Menschen.

In Situationen, in denen unsere körpereigene Abwehrkraft durch Infektionen geschwächt ist, können wir Hilfe bei der Teebaumöl-Essenz finden. Zum einen greift die Substanz die Krankheitserreger direkt an, zum anderen hilft das *Melaleuca*-Öl Heilungsprozesse, besonders der Haut und Schleimhäute, zu beschleunigen. Zum dritten obliegt dem „Grünen Gold aus Australien" offenbar die Fähigkeit, das Immunsystem als Ganzes zu stärken und zu unterstützen.

In diesem Zusammenhang ist Teebaumöl von besonderem Wert als vorbeugendes Mittel zur Unterstützung des Körpers im Kampf gegen alle möglichen Infektionen. Besondere Bedeutung erlangt diese Eigenschaft, wenn sich der Mensch bereits in einem geschwächten Zustand befindet, der entweder durch Krankheit, Streß oder womöglich durch den Gebrauch von Medikamenten, die die natürliche Widerstandskraft des Körpers reduziert haben, hervorgerufen wurde.

Teebaumöl hat sich für jene Menschen als nützlich erwiesen, die zum Beispiel vor einem chirurgischen Eingriff stehen oder unter einer chronischen, beziehungsweise langanhaltenden Krankheit wie zum Beispiel Hepatitis leiden und Stärkung benötigen.

Anwendung bei Tieren

Inzwischen sind schon viele gute Erfahrungen für den Einsatz des *Melaleuca*-Öls bei Haustieren gemacht worden. Kleinere Verletzungen, Juckreiz, oberflächliche Entzündungen und Parasitenbefall sind durch das Teebaumöl gut in den Griff zu bekommen. Einige Tierpraxen benutzen inzwischen die Essenz von *Melaleuca alternifolia* als Grundmittel zur Desinfizierung von kleineren Wunden und Verletzungen.

Hinweis: Bei Tierjungen sollte das Öl als Vorsichtmaßnahme nicht pur angewendet werden. Stets mit Weizenkeimöl oder ähnlichem verdünnen oder eine teebaumölhaltige Antiseptik-Creme verwenden!

■ Hunde/Katzen/Kaninchen

Parasiten der Haustiere:

Flöhe

sind - besonders in der warmen Jahreszeit - eine weitverbreitete Plage für unsere Haustiere. Es gibt bereits spezielle Tiershampoos mit Teebaumöl, die eine wirkungsvolle Beimischung des *Melaleuca*-Öls enthalten.

<u>ANWENDUNG:</u>

• Schäumen Sie in akuten Phasen das Fell Ihres Tieres täglich mit Tiershampoo ein und lassen Sie es dann 3-5 Minuten einziehen, bevor Sie gründlich mit Wasser ausspülen.

• Achten Sie darauf, daß dem Tier kein Shampoo in die Augen läuft.

• Sie können auch in der Wohnung Ihre Teppiche mit einem Wasser-Teebaumölgemisch besprühen, um die Umgebung für die Flöhe möglichst „unwirtlich“ zu gestalten. Geben Sie 10 Tropfen des Öls auf ½ l Wasser in die Sprühflasche.

Läuse

ANWENDUNG:

• Bei Läusen ist es wichtig, das Fell sorgfältig und regelmäßig zu bürsten, bzw. mit einem Nissenkamm zu kämmen. Geben Sie dabei mindestens 10 Tropfen auf den Kamm oder die Bürste.

Zecken

ANWENDUNG:

• Das Teebaumöl wird pur auf die Zecke aufgetragen, soviel, daß die Zecke damit überdeckt wird (3-5 Tropfen).

• 15 Minuten einziehen lassen. Entweder fällt die Zecke dann von alleine ab, oder Sie können sie vorsichtig aus der Bißstelle herausdrehen.

• Die folgenden Tage sollten Sie die Wundstelle täglich mehrmals mit einem Tropfen *Melaleuca*-Öl beträufeln, bis die Heilung sichtbar wird.

Verletzungen

ANWENDUNG:

• Bei kleineren mechanischen Verletzungen Ihres Haustieres wie Kratzer, Schnitte, Prellungen und ähnlichem tragen Sie das Öl mit einem Wattebausch pur auf die betroffenen Stellen auf. Es verhindert Entzündungen und verhilft zu einem schnellen Heilungsprozeß.

Entzündungen

Haben sich bereits Entzündungen gebildet in offenen Wunden, Abzessen oder ähnlichem, dann hilft das Teebaumöl natürlich genauso zuverlässig wie beim Menschen (s. unter den entsprechenden Indikationen).

ANWENDUNG:

• Hier kann nicht nur das reine Teebaumöl verwendet werden, auch eine antiseptische Teebaumöl-Creme ist sehr wirksam und für die Tiere weniger geruchsintensiv als das pure Öl.

■ PFERDE

Hufverletzungen

treten bei Pferden recht häufig auf. Steine und andere Gegenstände, die sich in den kleinen Zwischenräumen festsetzen, sind oft die Ursache für lokale Entzündungen. Da das Pferd mit dem Huf ständig in Kontakt mit dem Boden ist, muß der Fußbereich gut geschützt werden.

ANWENDUNG:

• Tragen Sie täglich Teebaumöl entweder eingearbeitet in eine Salbe oder pur direkt auf die betroffenen Stellen auf.

Durch langes Stehen auf feuchtem Grund bilden sich manchmal offene, entzündete Stellen an den Fesseln der Tiere, aus denen dann reichlich **Lymphflüssigkeit** austritt.

ANWENDUNG:

• Entfernen Sie die trockenen Krusten, und gehen Sie dann mit einem in *Melaleuca*-Öl getränkten Tuch darüber.

• Sie können den betroffenen Fuß auch in einem Eimer Wasser baden, in das Sie 10 Tropfen Teebaumöl gegeben haben.

Satteldruckstellen sind für das Pferd sehr schmerzhaft. Tragen Sie eine antiseptische Teebaumöl-Creme auf die Druckstellen auf.

■ HÜHNER

Auch bei Vögeln scheint das ätherische Öl von *Melaleuca* alternifolia Wirkung zu zeigen. Bereits in den 30er Jahren wurde das *Melaleuca*-Öl in Australien erfolgreich bei der Wundbehandlung von Haushühnern angewendet. Dabei handelte es sich meist um Verletzungen, die sich die Tiere bei Kämpfen untereinander zugezogen hatten. Zum einen verheilten die Wunden durch das Teebaumöl sehr viel schneller, zusätzlich ergab es sich aber auch, daß die angegriffenen Tiere durch den Duft des *Melaleuca*-Öls offensichtlich ihre Angreifer auf Abstand hielten, und sie sich somit streßfreier erholen konnten.

■ FISCHE

Pilzerkrankungen, besonders der Flossen, sind recht häufig bei Aquariumfischen. Es ist leider nicht einfach, an das kranke Tier heranzukommen. Am einfachsten kann man versuchen, die desinfizierende Kraft des *Melaleuca*-Öls dem Wasser selbst zuzuführen.

ANWENDUNG:

• Geben Sie einige Tropfen in das Wasser hinein, aber seien Sie dabei sparsam mit dem Öl.

•Als Faustregel gilt etwa 1 Tropfen auf 15 l Wasser.

Praktische Tips für den Einsatz im Haushalt

Teebaumöl kann dazu beitragen, Ihre häusliche Umgebung so gesund wie möglich zu gestalten, denn es wirkt desinfizierend, insektenabwehrend und hat darüber hinaus einen angenehmen, frischen Duft. *Melaleuca*-Öl zeigt sich hier wieder von seiner besten Seite als ein natürlicher Stoff, hautfreundlich, ungiftig für Menschen und Umwelt und trotzdem ungemein kraftvoll für eine hygienische Sauberkeit.

■ Air-Condition

In Australien wird das Teebaumöl häufig bei der Luftbefeuchtung in großen Air-Condition-Anlagen verwendet, um die Verbreitung von Bakterien und Pilzen zu verhindern.

ANWENDUNG:

• Zu Hause können Sie ein gesundes Raumklima erzielen, indem Sie das Öl in der Duftlampe oder im Heizungsbefeuchter verwenden. Geben Sie 5 Tropfen in die zu verdunstende Wassermenge.

■ Haushaltsreiniger

ANWENDUNG:

• Dem Eimer fürs Bodenwischwasser können Sie einen Eßlöffel voll *Melaleuca*-Öl zusetzen.

Gerade fürs Bad oder die Küche lohnt es sich, ein paar Tropfen *Melaleuca*-Öl auf den nassen Wischlappen zu tun. Damit behandele ich auch in meiner Praxis die Flächen, mit denen ich tagtäglich in Berührung komme.

■ Lösungs-, Fleckenmittel

Die Lösungsmitteleigenschaften des Teebaumöls sind bekannt, und es wird deshalb davon abgeraten, das Öl in dünnen Plastikbehältern aufzubewahren, da diese aufgelöst werden können (⇒s. Kap.: Aufbewahrung).
Daß dies aber durchaus auch positive Eigenschaften haben kann, erfuhr ich in einem Urlaub in der Bretagne. Nach einem Strandspaziergang hatten wir ein Stück Treibholz vom Strand mit in unser Ferienhaus gebracht. An der Stelle auf dem Steinboden, wo das Beutegut anschließend gelegen hatte, machte sich nun ein dicker, zäher, schwarzer Öl- oder Teerfleck breit.
Mit nichts Verfügbarem war der Masse beizukommen, bis ich schließlich auf die Idee kam: *Melaleuca*-Öl hilft bei so vielem - warum nicht auch hier?! Und siehe da: Der Fleck war in wenigen Sekunden restlos beseitigt. Der Steinboden sah aus wie neu.
Seitdem zögere ich nicht, das Teebaumöl auch in solchen, vergleichsweise profanen Situationen zum Einsatz zu bringen. Wir hätten normalerweise ein giftiges Lösungsmittel anwenden müssen, um den Boden wieder sauber zu bekommen, was eine zusätzliche Umweltbelastung bedeutet hätte.

■ Waschmittelzusatz

Mit der Zugabe von Teebaumöl in die Waschmaschine läßt sich die Wäsche hervorragend desinfizieren, gerade wenn man gegen eine Hausstaubmilben-Allergie zu kämpfen hat.

<u>ANWENDUNG:</u>

• Geben Sie bei jeder Wäsche 10 Tropfen der Essenz ins Fach für den Weichspüler.
• Dadurch verteilt sich das Öl im Gewebe und verströmt zusätzlich einen leichten, sanften Duft.
• Bei einer Handwäsche können Sie einen Eßlöffel Teebaumöl zugeben.

Tips für Australienbesucher

BESUCHEN SIE MELALEUCA ALTERNIFOLIA „DOWN UNDER“ IN DEN „NORTHERN RIVERS“

Der große Kontinent „down under“, liegt von uns aus gesehen am anderen, „unteren“ Ende der Welt. Kein Land auf der Erde ist weiter entfernt. Vielleicht aus diesem Grund wird Australien für Europäer ein immer beliebteres Reiseziel. Die Faszination der Geschichte und der Menschen dieses Kontinents, die einzigartige Tier- und Pflanzenwelt und die unvergleichlichen Landschaften haben eine magnetische Anziehungskraft auf die Erlebnishungrigen der alten Welt.

Wer für die Planung seiner Australienreise auch einen Aufenthalt an der Ostküste des Landes in Erwägung zieht, der sollte die Gelegenheit wahrnehmen und sich die Heimat des Teebaums *Melaleuca alternifolia* in Natura anschauen.

Wie bereits eingangs in diesem Buch erwähnt, wächst *Melaleuca alternifolia* von Natur aus ausschließlich an der australischen Ostküste. Und selbst dort ist das natürliche Verbreitungsgebiet der Teebäume auf einen begrenzten Landstrich im nordöstlichen Küstenbereich des Bundesstaates New South Wales beschränkt. In dieser Gegend freilich wachsen die Teebäume in großer Zahl. Als Verbreitungszentrum gilt das Gebiet zwischen den beiden großen Wasserwegen Clarence und Richmond.

Schlicht „Northern Rivers“, das Land der „nördlichen Flüsse“, nennen die Australier diese Region. In der Tat durchziehen zahllose Wasserläufe die Landschaft nahe der Verwaltungsgrenze zu Queensland im Norden. Brisbane liegt weniger als 150 km entfernt. Als größere Städte der „Northern Rivers“ liegen Tweed Heads im Norden und Grafton im Süden, dazwischen Casino, Lismore, Ballina und Byron Bay.

Was die Region für einen Besuch empfehlenswert macht, sind vor allen Dingen zwei natürliche Kostbarkeiten:

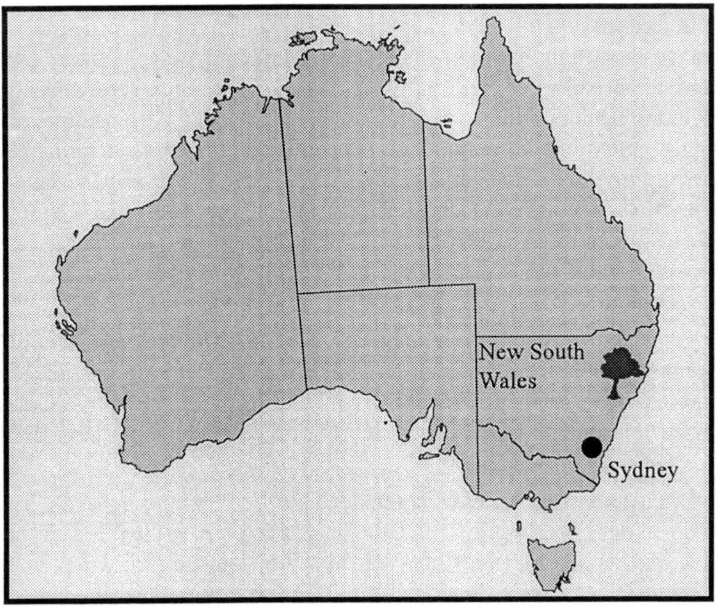

Nach Osten hin öffnet sich der Pazifische Ozean in endloser Breite. Am Cape Byrne reckt Australien die östlichste Spitze seiner riesigen Landmasse ins Meer. Je nach Jahreszeit lassen sich von hier aus die Herden wandernder Wale im Wasser ausmachen. Für Surfer und Badeurlauber ist dieser Küstenstreifen ein Paradies mit insgesamt 300 km feinstem Sandstrand. An manchen Stellen, wie zum Beispiel im Broken Head National Park, reichen die Ausläufer der subtropischen Regenwälder bis an die Küste heran.

Die zahlreichen Nationalparks mit ihren unterschiedlichen Charakteren sind die zweite große Attraktion der „Northern Rivers“. Bei der Ankunft der ersten europäischen Besiedler war das ganze Gebiet von einem legendären Regenwald überzogen, dem „Big Scrub“. Dabei handelte es sich um einen der ältesten Regenwälder unserer Erde. Bis heute sind noch elf Teilstücke erhalten geblieben, die teilweise sogar als „Welt-Natur-Erbe“ unter Schutz stehen. Mit einer Wanderung durch diese bizarre, grüne Wildnis eröffnet sich für uns Europäer eine neue, unbekannte Welt.

In freier Wildbahn entdecken wir die Teebäume vor allem in den flußnahen Sumpflandschaften der Ebenen. Der Bundjalung National Park und der Broadwater National Park zum Beispiel umfassen ein ausgedehntes Gebiet der Küstenregion um Evans Head. Neben Mangroven, Eucalyptus- und Teebaum-Biotopen finden sich dort auch rauhe und ursprüngliche Dünen- und Heidelandschaften, die eine ganz eigene Tier- und Pflanzenwelt hervorbringen. Wie in praktisch allen Nationalparks dieser Region werden auch hier anschauliche Führungen und Wanderungen zu Fuß, mit dem Pferd oder über Wasser mit dem Kanu angeboten.

Wenn Sie auch auf die modernen Pfade von *Melaleuca alternifolia* gelangen wollen, dann suchen Sie am besten eine der mittlerweile recht zahlreich gewordenen Teebaum-Farmen im „Northern Rivers" District auf. Die größeren von ihnen bieten Führungen für interessierte Besucher an.

Die bekannteste Adresse ist die der Thursday Plantation bei Ballina, wo von der Besichtigung der firmeneigenen Labors, über den Besuch des idyllischen Garten-Cafés bis hin zum Irren durch das kindergeeignete Teebaum-Labyrinth für alles gesorgt ist.

Einige Adressen von Teebaum-Plantagen in New South Wales:

Main Camp Plantation
Main Camp Rd
Rappville, NSW 2459
Tel: +61 (+66) 61 7951
Fax: +61 (+66) 61 7950
email: maincamp@nrg.com.au
Internet: //main.nrg.com.au

Thursday Plantation
Pacific Highway, Ballina NSW 2478
Tel: +61(+66) 86 72 73
Fax: +61(+66) 86 74 85
Internet:
//www.om.com.au/thursday_plantation
email: teatree@om.com.au

SCHLUSSBEMERKUNG

Wenn Sie *Melaleuca alternifolia* in seiner Heimat Australien sehen, dann ist der Baum ein Teil dieses großen Landes, angepaßt an seinen Lebensraum und eng verbunden mit der ihn umgebenden Natur. Einfach und unauffällig zwischen den anderen Bäumen und Sträuchern. Seine wunderbare Heilkraft liegt in seinem Inneren verborgen, und es ist den Ureinwohnern Australiens zu verdanken, daß sie diesen Schatz erkannten und freilegten. Die Aborigines haben der Welt ein außergewöhnliches, medizinisch hochwirksames Elixier aufgezeigt, daß, wie ich hoffe, auch die Leser dieses Buches zu überzeugen vermag.

Basset, I.B. et al.: A comparative study of tea-tree oil versus benzoylperoxide in the treatment of acne. Med. J. Austr. (1990) 153, 455-458.

Belaiche, P.: Germicidal properties of the essential oil of Melaleuca alternifolia related to urinary infections and chronic ideopathic Colibacillus. Phytotherapy (1985) 15, 9-11.

Belaiche, P.: Treatment of Vaginal Infections of Candida albicans with the essential oil of Melaleuca alternifolia (cheel). Phytotherapy 15 (1985), 13-14.

Brophy, J.J., Davies, N.W., et al.: Gas chromatographic quality control for oil of Melaleuca terpinen-4-ol type (Australian tea tree). Journal of Agricultural and Food Chemistry, (1989) 37, 1330-1335.

Buck, D.S. et al.: Comparison of two topical preparations for the treatment of onychomycosis: Melaleuca alternifolia (Tea Tree) Oil and Clotrimazole. J. Fam. Pract. (1994) 38, 601-605.

Carson, C.F. et al.: Broth micro-dilution for determining the susceptibility of Escherichia choli an Staphylococcus aureus to the essential oil of Melaleuca alternifolia (tea tree oil). Microbios (1995) 82, 181-185

Carson, C.F. et al.: Toxicity of the essential oil of Melaleuca alternifolia or Tea Tree oil. Clin. Toxicol. (1995) 33(2), 193-194.

De Groot, A.C. und Weyland, J.W.: Systemic contact dermatitis from tea tree oil. Contact Derm. (1992) 27, 279-280.

Dragendorff, G.: Die Heilpflanzen der verschiedenen Völker und Zeiten, Reprint Werner Fritsch Vlg. München 1967.

Drury, Susan: Die Geheimnisse des Teebaums. Windpferd Verlagsgesellschaft mbH, Aitrang 1991

Grunert, P.: Teebaumöl - Das neue Wundermittel. Econ Taschenbuch Vlg, Düsseldorf 1996.

Hoppe, H.A.: Drogenkunde, Bd. 1 Angiospermen. Walter de Gruyter 1975.

Jacobs, M.R. et al.: Melaleuca oil Poisoning. Clin. Toxicol. (1994) 32, 461-464.

Knight, M.J. et al.: Toxicity oft Melaleuca oil and related essential oils appied topically on dogs and cats. Vet. Human Toxicol. (4/1994) 36, 139-142.

Knight, T.E. und Hausen, B.M.: Melaleuca oil (tea tree oil) dermatitis. J. Am. Cad. Dermatol. (1994) 30, 423-327.

Lawless, Julia: Das Tea-Tree-Öl. Wilhelm Goldmann Verlag, München 1996

Mosic, Dr. A.: Kurze Systematik der Arzneipflanzen. Vlg. Theodor Steinhoff 1936.

Olsen, Cynthia B.: Die Teebaumöl Hausapotheke. Windpferd Verlagsgesellschaft mbH, Aitrang 1994

Pena, E.F.: Melaleuca alternifolia oil - its use for Trichomonal Vaginitis an other Vaginal Infections. Obst. Gynacol. (1962) 19, 793-795.

Pschyrembel, Klinisches Wörterbuch: Walter de Gruyter Verlag, 257. A., Berlin 1996.

Ramann, A. et al.: Antimicrobial effects of tea-tree oil and its major components on Staphylococcus aureus, Staphylococcus epidermis und Propionibacterium acnes. Letters in App. Microbiol. (1995) 21, 242-245

Ryman, D.: Heilen mit Aroma-Ölen. Knaur Vlg, 1991.

Rhys, E. (ed.): Captain cook's voyages of discovery. Everyman's Library - Travel & Topography, London 1944 (reprint).

Saller, R. und Reichling, J.: Teebaumöl - ein natürliches Universalheilmittel?. DAZ (1995) 135, Nr. 35, S. 40-48

Selvaag, E. et al.: Contact allergy due to tea tree oil an cross-sensitization to colophony. Contact Derm. (1994) 31, 124-125.

Shemesh, A., Mayo W.L.: Tea tree oil - Natural Antiseptic and Fungicide. Int. J. of Alternativ and Complemantary Medizinisch., 12/1991.

Walker, M.: Clinical Investigation of australian Melaleuca alternifolia oil for a variety of common foot problems. Current Podiatry (April 1972).

Williams, L.R. et al.: The composition and bactericidal activity of oil of Melaleuca alternifolia (Tea Tree Oil). Int. J. Aromather. (1988), Vol. I, No. 9, 15-17.

Williams, L. R. und Home, V.N., Asre S.: Selection and bredding of superior strains of Melaleuca species to produce low cost, high quality tea tree oil. Proceedings Modern Phytotherapy - The clinical significance of tea tree oil and other essential oils. Macquarie University (1990), 2, 73-91.

Wolf, Dr. Peter, Anja Budde: Die kleinste Hausapotheke der Welt Teebaum-Öl, Taoasis Verlag, Lemgo 1995

Register

Doris Zehren, Jahrgang 1964, Diplom-Biologin und Heilpraktikerin. Sie lebt in Saarbrücken und betreibt dort eine Naturheilpraxis für Homöopathie und Traditionelle Chinesische Medizin. In den vergangenen Jahren konnte sie weitreichende Erfahrungen mit dem ätherischen Öl des australischen Teebaums (*Melaleuca alternifolia*) sammeln, das sie in der Praxis immer wieder mit Erfolg anwendet.